Peter Schwarzenbach
Brigitte Bryner-Kronjäger

Üben ist doof

Gedanken und Anregungen
für den Instrumentalunterricht

Waldgut, *logo.*

Inhaltsverzeichnis

Vorworte 11, 12

I. Teil
Allgemeine Didaktik des Instrumentalunterrichts

1. Was ist Unterricht? 15

    1.1. Mögliche Betrachtungsweisen (=Aspekte) von Unterricht (Übersicht) 16

    Die Aspekte im einzelnen:

    1.1.1. Der Aspekt „Unterrichts-*Prozeß*" im Vergleich mit dem Aspekt „Unterrichts-*Produkt*" 17

    1.1.2. Der *Beziehungs*aspekt 19
    1.1.2.1. Führungsstil, sozial-emotionales Verhalten 19
    1.1.2.2. Die Reaktionen des Lehrers auf das Verhalten des Schülers (Grundsätze des Quittierens) 21
    1.1.2.3. Die Lenkung durch den Lehrer 24

    1.1.3. Der *methodisch-didaktische* Aspekt 28
    1.1.3.1. Die sechs methodisch-didaktischen Fragen 28
    1.1.3.2. Das Erfassen und Einbeziehen der Unterrichtsbedingungen, -voraussetzungen oder -gegebenheiten 29

    1.1.4. Das *Zusammenwirken* der Aspekte (1.1.2. und 1.1.3.) . 33

2. Das Ziel des Unterrichts 34

    (Die Analyse des Musikunterrichts nach vier Teilzielbereichen)

    Die vier Zielbereiche im einzelnen:

    2.1. *Wahrnehmen* 35
    2.1.1. Musikalisches Wahrnehmen 35
    2.1.2. Instrumentenbezogenes Wahrnehmen 35
    2.1.3. Selbstwahrnehmung des Spielers 35

    2.2. *Festlegen/Entscheiden* 36
    2.2.1. Musikalisches Festlegen 36
    2.2.2. Instrumentenbezogenes Festlegen 36
    2.2.3. Spielerbezogenes Festlegen 36

2.2.4. Aufbau-/Übungs- bzw. Lernschritte festlegen 36

2.3. *Exemplarisches Üben* 37
2.3.1. *Prinzipien* beim Üben 37
2.3.2. *Vorgehen* beim Üben 38

2.4. *Spielen/Geschehenlassen* 39

2.5. *Check-Liste zur Unterrichtsanalyse* 39

3. Der Unterrichtsstoff 42

3.1. Die *Stoffauswahl* 42
3.1.1. Die Stoffauswahl durch den *Lehrer* 43
3.1.2. Die Stoffauswahl durch den *Schüler* 44

4. Methoden im Unterricht 45

4.1. *Grundsätzliches:* Die direkte und die indirekte Methode . 45
4.2. Einige *ausgewählte Unterrichtsmethoden* 46
4.2.1. *Vormachen/Nachmachen* 46
4.2.2. Das Verfahren der *Kombination* von *praktischer* und *verbaler* Arbeit 47
4.2.3. Das *fragend-entwickelnde* Verfahren 48
4.2.4. Das „*entdeckende Lernen*" 50
4.2.5. Die Methode des *Über-* bzw. *Untertreibens* 50
4.2.6. Die Methode des *Imitierens* 51
4.2.7. Alle Sinne ansprechen und am Lernvorgang mitbeteiligen – ein methodisches Prinzip 51

4.2.8. Das *Üben* 53
4.2.8.1. *Grundsätzliches* 53
4.2.8.2. Das Bilden von *Automatismen* (Üben/Trainieren) .. 53
4.2.8.2.1. Leitideen für das Bilden von Automatismen 54
4.2.8.2.2. Üben 55

4.3. *Etwas Gesprächstechnik für den Lehrer* 56
4.3.1. Die *Fragetechnik* (= der Denkanstoß) 56
4.3.1.1. *Grundsätze* 56
4.3.1.2. Die *offene* Frage und die *geschlossene* Frage 58
4.3.1.3. Frag*eformen* 59
4.3.2. Die *Gesprächs- und Diskussionsleitung* 60
4.3.2.1. Die vollständige *Startfrage* 60
4.3.2.2. Ein einfacher *Gesprächsleitfaden* 61

4.3.3. Chancen und Gefahren beim Beurteilen von
Schülerleistungen 62
4.3.3.1. Das Lob 62
4.3.3.2. Die Kritik 62
4.3.4. Fehler in der Gesprächsführung und beim Quittieren . . 63
4.3.5. Check-Liste zu Verständlichkeit und Sprach-
beherrschung des Lehrers 63
4.3.6. Check-Liste zum Schlagwort „Motivation" 65

4.4. Der Lehrer als Berater von Schüler und Eltern 66

4.5. Methoden zur „Behandlung" von Lernstörungen 67
4.5.1. Grundsätzliches zu Lernstörungen (z. B. Unkonzentriertheit) 67
4.5.2. Lernstörungen in Form von sogenannten Flüchtigkeitsfehlern 70

4.6. Methodische Hinweise für den Unterricht mit kleineren
und größeren Schülergruppen 71

5. Medien im Unterricht 74

5.1. Das *Notenmaterial* 74
5.2. *Bilder*sammlungen 74
5.3. *Bücher*sammlung 75
5.4. *Tabellen* 75
5.5. *Arbeitsblätter* 75
5.6. *Grifftabellen* 76
5.7. *Begleitinstrumente* 76
5.8. Einfache *Turngeräte* 77
5.9. Das *Tonbandgerät* 77
5.10. Das *Videogerät* 78
5.11. Das *Aufgabenheft* 78
5.12. Medien für den *Gruppenunterricht* 78

6. Kontrollmethoden 80

6.1. Die *Kontrollformen* und *-arten* 80
6.2. Die Bedeutung von *Zusammenfassung* 81
6.3. Die Bedeutung von *Check-Listen* (Selbstkontrollhilfen) . 82
6.4. *Klassenstunden* und *Vortragsübungen* 83
6.4.1. Die Klassenstunde 83

6.4.2. Die Vorspielveranstaltung
(Vortragsübung/Vorspielstunde) 84

7. Die Präparation von Unterricht 86
(Vor- oder Nachbereitung)

7.1. *Grundsätzliches zum Stundenaufbau* 86
7.2. Die Unterrichts-*Nachbereitung* 87
7.3. Der *Stundenablauf* am Beispiel:
«Der Schüler hat etwas geübt» 89

8. Hinweise zu spezifischen Unterrichtsanliegen 92

8.1. *Spielen, Geschehenlassen* 92
8.2. Einige Gedanken zum Thema *Repertoirestücke* 92
8.3. Gedanken zur *Methodik des Übens* 93
8.3.1. Check-Liste zur Methodik des Übens (Grundsätzliche
Aufbauschritte) 94
8.4. Der Rhythmus, die *rhythmische Schulung* 95
8.5. *Gehörbildung* und *Musiklehre* im Unterricht 99
8.6. Die *Improvisation* 102
8.7. Das *Prima-vista-Spiel* («Blattspiel») 104
8.8. Das *Auswendigspiel* 106
8.9. *Musikgeschichte* im Unterricht 108
8.10. Die *Interpretation* 109
8.10.1. Der Weg zu Interpretation 110
8.10.2. Die Schulung des Überblicks über ein Werk 110
8.10.3. Die Schulung zur distanzierten Beurteilung 111
8.10.4. Die Schulung des Geschmacks 113
8.10.5. Das Festlegen einer Interpretationsform 114
8.10.6. Das Üben und Vertiefen 115
8.10.7. Das Vorspiel 115
8.11. Der *Umgang mit dem Körper* 116
8.11.1. Die Haltung 116
8.11.2. Der Spannungsausgleich 118

8.11.3. Die Atmung 119
8.11.4. Die Feinmotorik 123

II. Teil

Ausgewählte erziehungswissenschaftliche Grundlagen

9. Der Mensch als Einheit von Seele (Psyche),
Körper und sozialen Bezügen 127
9.1. Vorstellungsmodelle der Seele (Psyche) 127
9.2. Das Zusammenwirken von Körper, Seele und Sozietät 129
9.2.1. Das Nervensystem 129
9.2.2. Übersichtstabelle: Der Zusammenhang von Körper – Seele – Sozietät 132

10. Entwicklungspsychologie 133
10.1. Zum Begriff Entwicklung 133
10.2. Die einzelnen Entwicklungsphasen 135
10.2.1. Die einzelnen Phasen im Überblick 146

11. Lernpsychologie 148
11.1. Zum Begriff Lernen 148
11.2. Zum Begriff Denken 150
11.3. Lerntheorien und Lerngesetze 151
11.3.1. Lernen durch Einsicht (kognitives Lernen) 151
11.3.2. Lernen durch Gewöhnung (Konditionierung) 153
11.3.3. Die Gesetzmäßigkeit des sozialen Lernens 155

12. Kommunikation 158
12.1. Die Wirkung von Informationen 158
12.2. Die sprachliche Formulierung einer Aussage 160

13. Konfliktpsychologie 162
13.1. Wie arrangiert sich der Mensch in unangenehmen Situationen? 162

Nachtrag 167
Quellenverzeichnis 169

Vorwort zur 1. Auflage

Die vorliegende Schrift sei als kleine Stoffsammlung und Anregung gedacht. Das Nebeneinander verschiedener Theorien und Beobachtungsaspekte soll Sie nicht irritieren, sondern veranlassen, weitere Aspekte zu finden.

Ich wurde von Vertretern der Studentenorganisation des Konservatoriums und der Musikakademie Zürich angeregt, diese Schrift zu verfassen. Die Gefahr solcher Zusammenfassungen besteht leider darin, daß es so aussehen mag, als sei das nun *die* Psychologie und Pädagogik, die «man braucht», oder die der Autor zu bieten habe.

Einen Anspruch auf Vollständigkeit erhebe ich mit dieser Arbeit keineswegs. Mein persönliches Denken und die erworbenen Erfahrungen im Unterrichten sollen Ihnen lediglich eine Hilfe sein.

Das Ziel meines Psychologie- und Pädagogikunterrichtes für angehende Instrumental- und Musiklehrer lautet: «Der Lehrer soll sich selber und seinen Kollegen beim Unterricht zusehen und anhand einiger Theorien und Beobachtungshilfen darüber nachdenken und reden können. Im weiteren soll er mit Möglichkeiten konfrontiert werden, die es ihm erlauben, *seine* Unterrichts- und Erziehungsziele sowie -methoden zu überprüfen, frei zur Diskussion zu stellen und in möglichst offenen Gesprächen mit Kollegen neue Unterrichtsformen kennen zu lernen.»

Nicht primär die Vermittlung von Wissen, sondern die persönliche Auseinandersetzung im Sinne einer Bewußtwerdung über das eigene Lernen und das Unterrichtsgeschehen im weitesten Sinne stehen im Zentrum. Da der Lehrer als Multiplikator wirkt und durch sein Verhalten viele Menschen beeinflußt, scheint es mir wichtig, daß er sein eigenes Lehrer-Verhalten immer wieder überprüft und auch Bereitschaft zeigt, es in Frage stellen zu lassen. Mißerfolge und Konflikte gehören zum Lehrerberuf und sollten nicht primär als peinlich, sondern als Quelle neuer Erkenntnisse – im Sinne einer Lernchance – erlebt werden können.

In diesem Sinne wünsche ich Ihnen in Ihrer Lehrertätigkeit Mut, Freude und Erfolg.

Ich danke allen, die mir auch weiterhin Ideen und Anregungen zukommen lassen. Gerne werde ich sie in einer nächsten Ausgabe berücksichtigen.

Gibswil im Januar 1979   *Peter Schwarzenbach*

Vorwort zur 2. Auflage

Die zweite Auflage der vorliegenden Schrift entstand aus dem Wunsch, Erfahrungen, die in den letzten 10 Jahren in der Studentenausbildung gesammelt wurden, auszuwerten. So ist auch die Zusammenstellung breiter gefächert. Stilistische Unterschiede, die durch die Co-Autorenschaft entstanden, wurden bewußt beibehalten.

Das Buch will Nachschlagewerk sein, das helfen soll, je nach Bedarf zu gegebenen Problemstellungen Anregung zur Lösung zu finden. Die Fülle des Materials machte es schwer, eine Auswahl zu treffen. Wir sind uns bewußt, daß die hier vorliegende Auswahl für den einen oder anderen vielleicht nicht finden läßt, was er sucht. Unsere Meinung, die in vielen Abschnitten deutlich wird, soll auch bei gegenteiliger Ansicht als Denkanstoß verstanden und genützt werden. Wiederholungen von bereits ausgeführten Gedanken waren unvermeidbar, da die zentrale Thematik – der Unterricht und das Unterrichten – immer wieder von verschiedenen Aspekten aus betrachtet und überdacht wurden.

Für uns Lehrer muß wohl primär das Ziel angestrebt werden, den Schüler selbständig und unabhängig werden zu lassen. Das wird möglich, wenn wir fähig sind, uns rechtzeitig aus einem Lernprozeß «herauszunehmen» und versuchen, auf Grund von Änderung – Änderung von Methoden und dadurch vielleicht auch unserer Einstellung – unsere Arbeit flexibel, «schülergerecht» und lebendig zu gestalten.

Wir danken allen, die uns bei der Arbeit an dieser Schrift Ideen und Anregungen haben zukommen lassen, sowie Frau Rita Suppiger für ihre geduldige und sorgfältige Schreibarbeit.

Zürich, Oktober 1988   Peter Schwarzenbach/Brigitte Bryner-Kronjäger

Vorwort zur 5. Auflage

Nach kaum einem Jahr war die vollständig überarbeite 2. Auflage bereits vergriffen, eine 3. und 4. Auflage wurden nachgedruckt. Mit großer Freude stellen wir fest, daß unsere Allgemeine Didaktik für den Instrumentalunterricht Anklang gefunden hat.

Unser herzlicher Dank geht an unsere Leserinnen und Leser für das bewiesene Interesse, in der Hoffnung, daß das Buch auch weiterhin die entsprechenden Lernanreize bieten wird. Bei der vorliegenden 5. Auflage wurden kleine Korrekturen vorgenommen und ein «Nachtrag» beigefügt.

Zürich, September 1993   Peter Schwarzenbach/Brigitte Bryner-Kronjäger

I. Teil

Allgemeine Didaktik des Instrumentalunterrichts

1. Was ist Unterricht?

Aus unseren eigenen Erfahrungen als Schüler wissen wir, daß Unterricht ein höchst komplexes Geschehen ist, das oft sehr markante Spuren in uns hinterläßt, das uns prägt und unser Gefühl intensiv anspricht. Wir haben mehr oder weniger starke Erinnerungen an unsere Lehrer. Interessanterweise kommt auf die Frage: «Was hast Du bei Meister X gelernt?» häufig zunächt eine Aussage über die Persönlichkeit von Meister X und nicht primär eine genaue Beschreibung dessen, was sachlich vermittelt worden ist. Verhaltensweisen von Meister X sowie Gefühle, die dadurch ausgelöst worden sind, scheinen an erster Stelle zu stehen. Damit ist das Entscheidendste bereits deutlich geworden. Unterricht ist primär eine Beziehung (ein lebendiger Prozeß) zwischen Lehrer und Schüler. Meist erst an zweiter Stelle wird die Frage «Was hast Du bei Meister X gelernt?» mit konkreten Aussagen zum Ergebnis des Unterrichtes beantwortet. Aber auch diese Antwort ist noch geprägt von Hinweisen zu den Begleitumständen, unter denen das Lernen stattgefunden hat. Schließlich entsteht ein Gesamteindruck von dem, *was* der Schüler bei der Persönlichkeit «Meister X» *wie* und unter welchen *Bedingungen* gelernt hat. Selbst nun nicht mehr Schüler, sondern Musiklehrer, sollte uns das zu folgenden Überlegungen und Fragen führen:

- Bin ich in der Lage, eine Beziehung zu einem Schüler so zu gestalten, daß ich seinen Bedürfnissen gerecht werde und ein gutes Arbeitsklima schaffen kann?
- Ist mir bewußt, daß die Beziehung zu mir selbst die Beziehung zum Schüler und den Umgang mit ihm bestimmt?

Nicht selten werden eigene Schwächen oder auch Stärken in der Auseinandersetzung mit dem Instrument auf den Schüler übertragen. Eventuell erwarte ich ähnliche instrumentspezifische Schwächen bei einem Schüler, oder mein Gefühl für mögliche Schwierigkeiten ist durch eigene Stärke nur unvollständig ausgebildet. Zusammengefaßt heißt dies:

Als Musiklehrer muß ich

- mit mir selbst ins Gespräch treten, um eigene Stärken und Schwächen im menschlichen sowie im instrumentalen Bereich zu (er)kennen

– überprüfen, welchen meiner eigenen Lehrer ich warum unbewußt nachahme.

Dieser Selbsterfahrungsprozeß sollte in der Begegnung mit jeder neuen Schülerpersönlichkeit von gleicher Aktualität bleiben; er wird in diesem Buch nur am Rande angesprochen. Es ist unser Anliegen, im folgenden zum Thema: «Was ist Unterricht?» hauptsächlich (und weitgehend) auf Fragen der Unterrichtsbedingungen (und deren genaues Erfassen) sowie zu methodisch-didaktischen Aspekten des Unterrichts einzugehen.

Die nachfolgenden Denkanstöße sollen helfen, Unterricht bewußter zu beobachten, zu analysieren, darüber reden zu lernen (z. B. mit Lehrerkollegen) und ihn somit gezielter zu beeinflußen.

Es scheint uns sinnvoll, den eigenen Unterricht nach den im folgenden Überblick dargestellten drei möglichen (unterschiedlichen) Betrachtungsweisen (Aspekten) zu planen und auszuwerten.

1.1. Mögliche Betrachtungsweisen von Unterricht (Übersicht)

Unterricht läßt sich *wahlweise unter folgenden Aspekten* beeinflussen und *auswerten*:

1. *Der Aspekt «Unterrichts-Prozeß» im Vergleich mit dem Aspekt «Unterrichts-Produkt»:*
– *Prozeß bedeutet:* Verlauf und Entwicklung des Unterrichts; im Unterrichtsprozeß lassen sich Um- und Abwege im Lernprozeß, Gefühle, Stimmungen, Arbeitsweise, Streßverhalten und Selbständigkeitsgrad der am Unterricht Beteiligten beobachten.
– *Produkt bedeutet:* das Ergebnis, das Erreicht am Ende des Prozesses auf Grund des Unterrichtes. Beim Unterrichtsprodukt wird nur das Endverhalten des Schülers (d. h. was er im eben gehabten Unterricht gelernt hat) untersucht.

2. *Der Beziehungsaspekt zwischen Lehrer und Schüler* beinhaltet die Fragen:
Wie gehen Lehrer und Schüler miteinander um, und wie führt der Lehrer den Schüler?

3. *Der methodisch-didaktische Aspekt* beantwortet die Frage: Welches sind die Teilaspekte des Unterrichtes?

– Ziele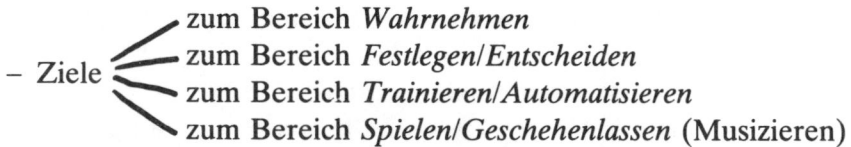
- zum Bereich *Wahrnehmen*
- zum Bereich *Festlegen/Entscheiden*
- zum Bereich *Trainieren/Automatisieren*
- zum Bereich *Spielen/Geschehenlassen* (Musizieren)

– Stoff/Inhalt (= Stücke, Etüden, technische Probleme usw.)
– Methoden
– Medien/Hilfsmittel
– Bedingungen, Voraussetzungen, die der Lehrer erkennen und schaffen muß
– Kontrollen/Selbsterfahrungsmöglichkeiten

Der *methodisch-didaktische Aspekt* und teilweise der *Beziehungsaspekt* werden in diesem Buch eingehender behandelt, da sie in ihrer Zusammenwirkung besonders wichtig sind.

Wir überlassen es jedoch dem Leser, von Fall zu Fall zu entscheiden, welche der oben genannten Unterrichts-Betrachtungsweisen (Aspekte) ihm besser helfen, eigenen oder fremden Unterricht zu planen, zu gestalten oder zu beurteilen.

Die Aspekte im einzelnen:

1.1.1. Der Aspekt «Unterrichts-Prozeß» im Vergleich mit dem Aspekt «Unterrichts-Produkt»

Wir können unseren Unterricht und die Erwartung an uns selbst mit folgenden Fragen überprüfen:
– Lege ich mein Schwergewicht als Lehrer auf den *Prozeß (= Verlauf)* des Unterrichtens –
Frage: Interessiert mich primär der Lernprozeß des Schülers? Konkret: Wie lernt er, welche Stimmungsschwankungen macht er mit, warum beschreitet er welche Um- und Abwege, welche Erfolge und Mißerfolge erlebt er, wieweit ist er fähig, bereits selbständig ein neues Problem zu bewältigen?
oder
– Lege ich mein Schwergewicht als Lehrer auf das *Produkt (= Ergebnis)* des Unterrichtens –
Frage: Interessiert mich primär das Endverhalten des Schülers? Konkret: Was hat der Schüler gelernt, was hat die Stunde deutlich gemacht, was hat er für ein Resultat erzielt?

Schulleiter und Eltern beurteilen häufig nach den beiden folgenden – auf den ersten Blick scheinbar einfachen – Frageraster den *Verlauf* oder das *Ergebnis* des Unterrichtens.

Die eher *verlaufs-* bzw. *prozeß*orientierten Menschen fragen sich etwa:
- Wie fühlt sich der Schüler im Unterricht?
- Geht der Schüler gerne zu Lehrer X in den Unterricht?
- Hat der Schüler Freude an seinem Spiel?
- Wie meistert der Schüler neue Schwierigkeiten?
- Wie entfaltet sich der Schüler?
- Wie gehen der Lehrer und der Schüler miteinander um?
- Wie führt der Lehrer den Schüler?
- Welche Fehler macht der Schüler aus welchem Grunde?
- Wie geht der Schüler mit Mißerfolgen um?

Die eher *ergebnis-* bzw. *produkt-* oder auch *erfolgsorientierten* Menschen fragen sich etwa:
- Was ist das Endergebnis einer gerade vergangenen Stunde oder einer Reihe von Stunden?
- Was spielen die Schüler von Lehrer X an der Vortragsübung?
- Welche Schüler vom Lehrer X spielen später z. B. im Symphonie-Orchester «Z»?
- usw.

Wir Lehrer sollten sowohl Verlaufs- wie auch Ergebnis-Orientiertheit anstreben, jedoch im invidiuell angepaßten Setzen des jeweiligen Schwergewichtes zunehmend flexibler werden. Jede Einseitigkeit ist zu vermeiden. Wir müssen uns vehement dagegen wehren, daß wir als Lehrer nur nach dem Ergebnis beurteilt werden. Andererseits ist unser Unterrichten ebenso fragwürdig, wenn uns der hör- und quasi meßbare Erfolg wenig interessiert und wir also nur prozeßorientiert arbeiten, z. B. nur einen harmonischen Unterrichtsverlauf anstreben. Der Musiklehrer – die Betonung liegt auf Musik – arbeitet nur dann sinnvoll, wenn der Schüler wirklich lernt, Musik zu machen und zu diesem Zweck mit seinem Intrument umgehen kann. Reine Prozeßorientiertheit mag im psychotherapeutischen Bemühen seine Berechtigung haben, aber dann sprechen wir nicht mehr von Musik-*Unterricht,* sondern eher von Musik-*Therapie,* wo Musik «nur noch Mittel zum Zweck» ist: durch Musik beispielsweise einen Menschen zu lösen oder Zugang zu weiteren seelischen Wahrnehmungsmöglichkeiten zu finden. Trotzdem ist der Prozeß die Voraussetzung für das Produkt, der möglichst gelöste Weg die Hinführung zum gelösten Spiel.

1.1.2. Der Beziehungsaspekt

Wie ist die Beziehung zwischen Lehrer und Schüler, und wie führt der Lehrer den Schüler?
Diese Frage berührt die ganze Lehrerpersönlichkeit. Dennoch lassen sich durch die nachfolgend dargestellten Check-Listen gewiß Hinweise finden, wie die Beziehungsfähigkeit und das Lehrerverhalten bewußter kontrolliert und beeinflußt werden können. Wir stützen uns dabei teilweise auf die breit angelegten Versuche von Prof. Reinhard Tausch (Erziehungspsychologie, Hogrefe 1971). Mittels einer sogenannten «Rating-Skala» wird das eher zutreffende Verhalten eingeschätzt und wenn möglich mit häufigen, im Unterricht beobachteten Beispielen untermauert. Links und rechts der einzelnen «Rating-Skala» haben wir jeweils eine übertriebene Beschreibung plaziert. In den meisten Fällen liegt das beobachtete Verhalten irgendwo zwischen diesen Extremformulierungen. Es empfiehlt sich bei solchen Einschätzungsbemühungen die eigenen Beobachtungen und Urteile in Proportion zu den Extremen einzusetzen, mit denen nur die Richtung unseres Urteilens angezeigt werden soll.

1.1.2.1. Führungsstil, sozial-emotionales Verhalten
Wie ist die Beziehung des Lehrers zum Schüler?

wertschätzend  *geringschätzend*

freundlich, ermutigend, anerkennend, eventuell zu wertschätzend, zu übetrieben, zu höflich ...

unfreundlich, entmutigend, abwertend, wenig auf den Schüler eingehend ...

Wie stark lenkt der Lehrer den Schüler?

nicht-lenkend  *lenkend*

vorschlagend, sich zurückhaltend; läßt dem Schüler Entscheidungsfreiheit, läßt Schüler zu Wort kommen ... evtl. zu wenig lenkend ...

schreibt zu viel vor, anordnend, befehlend; möchte, daß alles so geschieht, wie er es sich vorstellt; gewährt zu wenig Spielraum ...

Wie aktiv ist der Lehrer?

aktiv  *passiv*

macht viele Vorschläge, spielt viel vor, ist interessiert und bemüht; stellt neue Stücke, Bücher, Anschauungsmaterial usw. bereit; spielt mit dem Schüler mit . . . evtl. zu aktiv, zuviel Betrieb und dadurch Unruhe . . .

hält sich zurück, macht kaum Vorschläge, stellt kein Material bereit, spielt nicht mit . . . evtl. zu zurückhaltend; wirkt langweilig . . .

Wie konsequent arbeitet der Lehrer mit dem Schüler?

konsequent  *inkonsequent*

eindeutig, klare, konsequent vertretene Haltungen, Anordnungen und Hinweise; der Schüler spürt, was gilt; evtl. zu konsequent, pedantisch . . .

widersprüchliche Haltungen, Anordnungen, Korrekturen und Hinweise; der Schüler weiß nicht genau, was gilt; evtl. zu emotional . . .

Wie geduldig ist der Lehrer mit sich und dem Schüler während des Unterrichts?

ungeduldig  *geduldig*

drängt, läßt den Schüler nicht ausreden oder fertig spielen, läßt sich und dem Schüler zuwenig Zeit; wirkt gehetzt, evtl. zu unbeherrscht . . .

hat auch in kritischen Phasen Zeit und Ruhe, läßt den Schüler ausreden und zu Ende spielen; unterbricht nur, wenn notwendig; wirkt beruhigend; evtl. zu geduldig, sich «verlierend» . . .

Hat der Lehrer den Überblick über das Unterrichtsgeschehen?

hat Überblick  *hat keinen Überblick*

wirkt vorbereitet, ist für Fragen und Probleme des Schülers offen; weiß, was er will; wirkt sicher, weiß sich zu helfen, erkennt die Dringlichkeiten . . .

wirkt unvorbereitet; weiß nicht, was er will; packt nicht das Dringliche an, verliert sich in Nebensächlichkeiten, gerät aus der Fassung . . .

Wie echt wirkt der Lehrer auf mich?
(Wir spüren dies sehr rasch, aber es ist schwierig, dies z. B. einem Kollegen mitzuteilen!)

| *echt* | ←—⊢—⊕—⊢—→ | *unecht* |

ist ganz er selbst; zeigt, was er denkt und fühlt; offen, ohne Fassade, steht zu seiner Unvollkommenheit, strahlt keine Pseudosicherheit aus ...

fassadenhaft, perfektionistisch, will sich keine Blöße geben, verbirgt seine Gefühle, verdeckt eigenes Unvermögen ...

Wie wird das Erzieherverhalten des Lehrers durch den Grad seiner Fachkenntnisse beeinflußt? (Bitte genau beobachten und beschreiben)
(Fachkenntnisse: Theorie, Musikgeschichte, Literaturkenntnisse, methodisch-didaktisches Können, Instrumentenbeherrschung, Gestaltungsvermögen usw.)

| *unterstützt* | ←—⊢—⊕—⊢—→ | *doziert* |

nützt sein Wissen und Können als Basis, regt den Schüler an, gestaltet den Unterricht vielschichtig und lebendig, baut Ideen und Wünsche des Schülers in den Unterricht ein ...

theoretisiert, dogmatisiert, stellt die eigenen Fähigkeiten in den Vordergrund ...

Wie steht es mit dem Grad der Kenntnisse des Lehrers in bezug auf den Ausbildungsstand des Schülers?

In welcher Form kompensiert der Lehrer allfällige eigene fachliche Defizite im Umgang mit dem Schüler:

– Überspielt er sie?
– Steht er zu seinen fachlichen Mängeln?
– Arbeitet er (modellhaft für den Schüler) an deren Überwindung?

1.1.2.2. Die Reaktionen des Lehrers auf das Verhalten des Schülers

Wie geht der Lehrer auf die Leistungen, die Aussagen, das Spiel und das Verhalten des Schülers ein, d. h. wie lobt und kritisiert er, wie nimmt er Stellung und gibt er Anregungen zur Weiterführung. Diese Reaktionen werden in der Fachliteratur auch als «Quittieren» bezeichnet.

Grundsätze des Quittierens

Die beste Quittierung ist das unmittelbare Erfolgserlebnis des betreffenden Schülers aus dem von ihm gezeigten Verhalten. (Der Schüler kann z. B. das Stück so spielen, wie er möchte, er macht keine Fehler, er hat Erfolg bei den Zuhörern.)

Entscheidend ist nicht, ob der Lehrer zufrieden oder unzufrieden ist, sondern daß der Schüler sein Instrument beherrschen lernt, Freude am Werk erhält und selbständig wird. Dieses Lernen nennt man *Annäherungsverhalten,* d. h.: Der Schüler lernt für die Sache, die ihn interessiert. Im Gegensatz dazu steht das *Vermeidungsverhalten:* Der Schüler lernt primär für den Lehrer und will vermeiden, daß die Beziehung zum Lehrer gestört wird. Aus diesem Grund sollte der Lehrer bei guten Schülerleistungen nicht in erster Linie in einen diffusen Lobschwall, gespickt mit Ausdrücken wie «gut», «ausgezeichnet», «Du machst mir Freude!» oder «toll» ausbrechen, sondern konkret auf die erfolgreich bewältigten Probleme hinweisen und dem Schüler das Näherrücken des Fernzieles (z. B. Gestaltung, Instrumentalbeherrschung, Durchhaltevermögen) bewußt machen.

Einige Beispiele zweckmäßigen Quittierens

– Eingehen auf die momentane Gefühlslage des Schülers:

«Diese Leistung scheint Dich zu freuen!»
«Du bist ja richtig stolz!»
«Du scheinst Dich vor lauter Aufregung gar noch nicht richtig freuen zu können!»
«Das ‹Presto› hat Dich gewaltig ‹in Fahrt› gebracht.»
«Für heute reichts Dir wahrscheinlich?»
«Jetzt gefällt Dir das Stück, oder?»
«Wie fühlst Du Dich jetzt?» (Der Schüler erzählt über seine Gefühle und Erlebnisse.)
«Du spürst, daß Dein Musizieren nun auch anderen Freude macht.»

– Eingehen auf konkrete, hörbare, sichtbare Veränderungen:

«Was hat sich verändert?»
«Zeig mir, *was* Dir besonders gelungen ist!»
«*Wie* hast Du *das* genau geübt? Jetzt geht ja *diese Stelle* so, wie Du sie Dir vorstellst.»

«*Worauf* kommt es bei *dieser Stelle* an?» (Der Schüler nennt – *nach* dem erfolgreichen Spiel – *genau die Punkte,* auf die er geachtet hat.)
«Jetzt weißt Du, wie eine solche Stelle anzupacken ist; sag mir, *wie* Du die *ähnliche Stelle* im neuen Stück angehen willst!»

– Eingehen auf die erschließenden Möglichkeiten der erbrachten Schülerleistung:

«Jetzt bist Du so weit, daß Du Dich ans erste Stück von Mozart wagen kannst.»
«Komm, spiele noch einmal, ich begleite Dich am Klavier.»
«Nun können wir weitergehen zu . . .»
«Wo spielst Du dieses Werk öffentlich?»
«Dieses Stück könntest Du ins Repertoire aufnehmen.»
«Von jetzt an kannst Du selbständig . . .»
«Ich kenne einen Dirigenten, dem könntest Du einmal dieses Stück vorspielen. Vielleicht nimmt er Dich in sein Orchester auf.»

Der Sachaspekt steht beim Quittieren im Vordergrund, wenn auch durchaus auf die momentane Gefühlslage des Schülers eingegangen werden soll. Genau hinzuhören und den Schüler sorgfältig zu beobachten verlangt vom Lehrer großen Einsatz. Nur dieser Einsatz zählt auf die Dauer als eine echte und fundierte Anerkennung für den Schüler; denn die Ziele all dieser Quittierungsbemühungen sind, den Schüler

– in seiner Selbstwahrnehmung zu schulen
– zu lehren, seine eigene Leistung ernstzunehmen
– mit sich selbst wohlwollend umzugehen und an sich zu glauben
– selbst spüren zu lassen, was ihm gefällt und was er eher vermeiden will
– spüren zu lernen, wie er mit Musik andere Menschen erfreuen kann.

Die wichtigsten Leitsätze des Quittierens lauten:

– Man reagiere – wenn es geht – möglichst positiv und sachbezogen auf *erwünschtes Verhalten* (= Bekräftigung = Verstärkung).
– Man reagiere wenig oder nicht auf *unerwünschtes Verhalten*. (Falls man reagiert, wende man sich so rasch wie möglich der Zukunft, der richtigen oder besseren Lösung zu.)

Wenn der Schüler in die Lage versetzt worden ist, sich selbst sachkritisch zuzuhören, erübrigt sich schließlich langes Reden. Ein anerkennender Blickkontakt genügt dann als Quittung.

1.1.2.3. Die Lenkung durch den Lehrer (bei Zielabweichungen des Schülers)

Wie leitet der Lehrer den Unterricht und wie lenkt er den Schüler bei Zielabweichungen?

Stellen wir uns vor, unser Schüler mache etwas, was nicht unseren Vorstellungen entspricht. Üblicherweise ist dann – wie wir bereits gesehen haben – rasch das Urteil «falsch» in unserem Munde. Im folgenden sei grafisch, dann auch in Beispielen dargestellt, welche grundsätzlich verschiedenen Möglichkeiten bestehen, auf das – unter Umständen vermeidbare – unerwünschte Verhalten des Schülers einzugehen. Die dargestellten Reaktionsformen des Lehrers sind weder positiv noch negativ zu werten. Es gilt, sie primär hinsichtlich ihrer Angemessenheit in der jeweiligen Unterrichtssituation zu erkennen und sie erst sekundär zu beurteilen.

Die möglichen Reaktionsformen im Überblick:

Form 1: abbrechen, abblocken
Form 2a: anweisen, lenken
      2b: indirekt leiten, mit «sanfter Gewalt»
Form 3: bewußt machen
Form 4: bewußt machen und Entscheidungen beim Schüler auslösen
Form 5: beobachten, «laisser faire»

Die Reaktionsformen im einzelnen

Form 1 (abbrechen, abblocken)

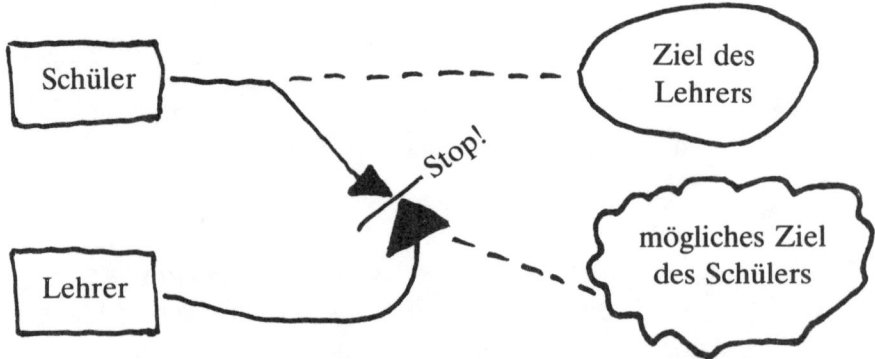

Beispiele: «Stop, so nicht!» / «Halt!» / «Warte bitte, nicht weiterspielen!»

Der Lehrer unterbricht die Tätigkeit und somit die Aktivität des Schülers.

Dieses Verhalten des Lehrers ist eigentlich nur in «Gefahrensituationen», wo jegliches weitere Fehlverhalten vermieden werden muß, wie z. B. beim Übungsprozeß, wo die Gefahr des Einübens von Fehlern besteht, angemessen.

Form 2a (anweisen, lenken)

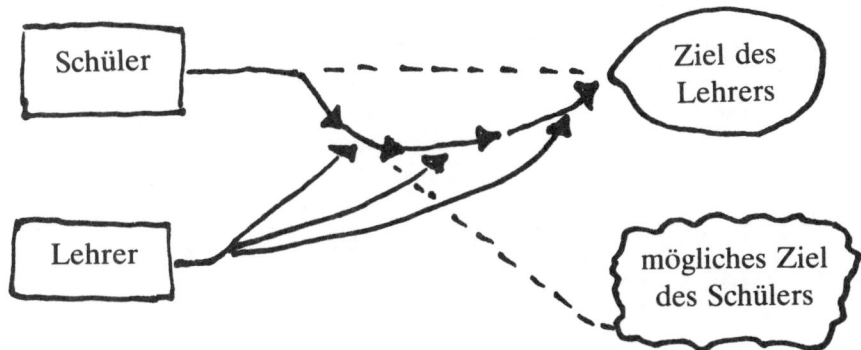

Beispiele: «Übertreib etwas!» / «Spiele höher!» / «Versuch einmal . . .!» / «Ändere . . .!»

Der Lehrer leitet den Schüler durch mehr oder weniger zwingende Anordnungen oder Hinweise zu seinen eigenen Zielvorstellungen hin.

Dieses Lehrerverhalten ist nach unserer Auffassung nur dort angemessen, wo der Schüler noch nicht selber genügend gut wahrnehmen kann, was «richtig» oder «falsch» ist, und auf die direkte Hilfe des Lehrers angewiesen ist.

Form 2b (indirekt leitend, mit «sanfter Gewalt»)

Beispiele: «Es wäre doch ganz gut, wenn Du vielleicht doch . . .!» / «Probiere doch auch einmal so . . .!» / «Wir wollen doch . . .!» / «Hättest Du nicht Lust . . .?»

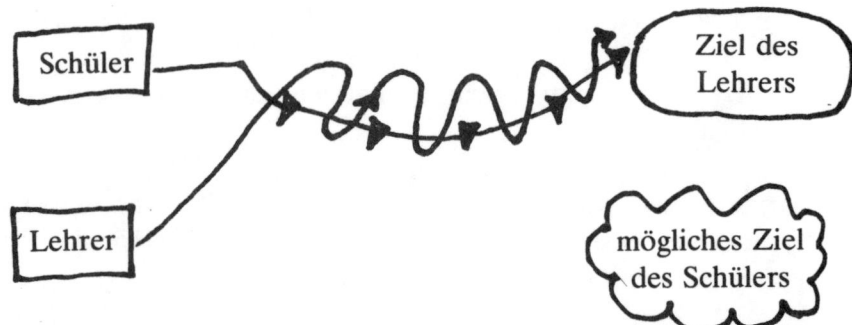

Ähnlich wie bei 2a versucht hier der Lehrer, den Schüler auf «die richtige Fährte» zu bringen. Nur ist hier der Zwang nicht mehr so direkt ersichtlich. Der Lehrer «verführt» den Schüler quasi, seine Richtung einzuschlagen.

Form 2a und 2b schalten die Selbständigkeit des Schülers eher aus. Der Lehrer führt mehr oder weniger deutlich lenkend. Im Gegensatz zur Form 1 wird aber nicht abgeblockt.

Form 3 (bewußt machen)

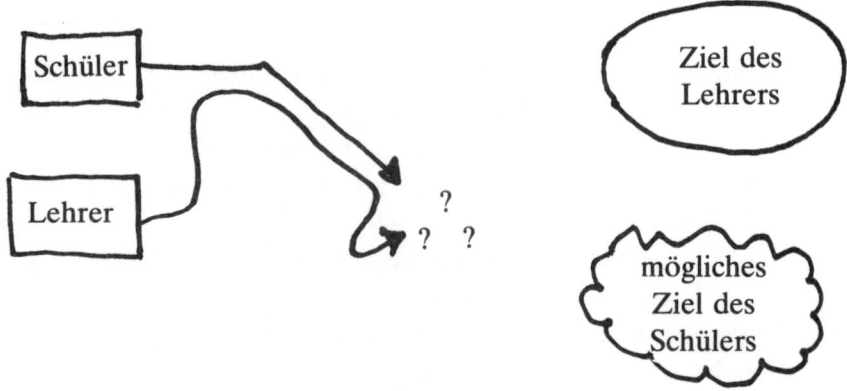

Beispiele: «Ich stelle fest, daß . . .» / «Du gehst anscheinend . . .» / «Du scheinst . . .» / «Wieso kommst Du auf diese Lösung?» / «Ich verstehe Dich, daß . . .» / «Ich kann mir schon vorstellen, daß . . .»

Der Lehrer analysiert die Intentionen des Schülers und teilt ihm seine Eindrücke und Vorschläge mit. Er macht ihn auf die Konsequenzen seines Vorgehens aufmerksam. Im gemeinsamen Dialog erarbeiten sie das weitere Vorgehen. Das braucht natürlich mehr Zeit und birgt das Risiko in sich, daß der Schüler doch macht was er will.

Form 4 (bewußt machen, Entscheidungen beim Schüler auslösen)

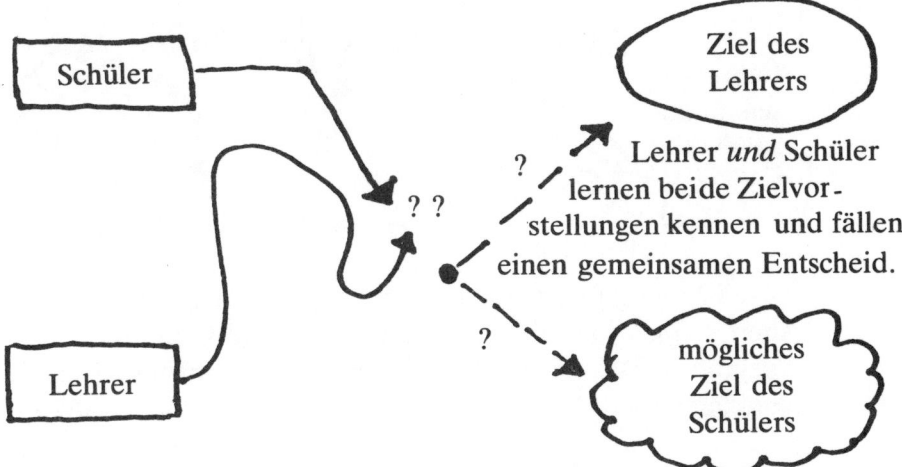

Beispiele: «Was beabsichtigst Du, *und* kannst Du dir auch meine Lösung vorstellen?» / «Mir scheint, Du beabsichtigst . . .» / «Den Vorteil Deiner Lösung sehe ich . . .» und so weiter.

Beide Zielvorstellungen, sowohl die des Lehrers wie die des Schülers, werden gleichwertig einander gegenübergestellt, verglichen, und eine Lösung wird gesucht. Es wird entschieden, welche Variante gewählt wird. Unter Umständen kommt es zu einer neuen, dazwischenliegenden Variante (Kompromiß oder Synthese). Dieses Vorgehen schult das Verantwortungsbewußtsein des Schülers sowie die Fähigkeit, andere Meinungen zu tolerieren. Er wird lernen, sich selbst besser zu kontrollieren und die Ansicht seines Lehrers ernstzunehmen, ohne sie blind zu übernehmen.

Form 5 (beobachten, «laisser faire»)

Prinzip: Der Lehrer schaut zu, schweigt und unternimmt nichts. Der Schüler probiert selber, lernt aus seinem Mißerfolg und geht seine eigene Wege.

Gefahr: Der Schüler resigniert, weil er noch nicht genügend selbständig ist und sich dem eigenen Schicksal überlassen vorkommt.

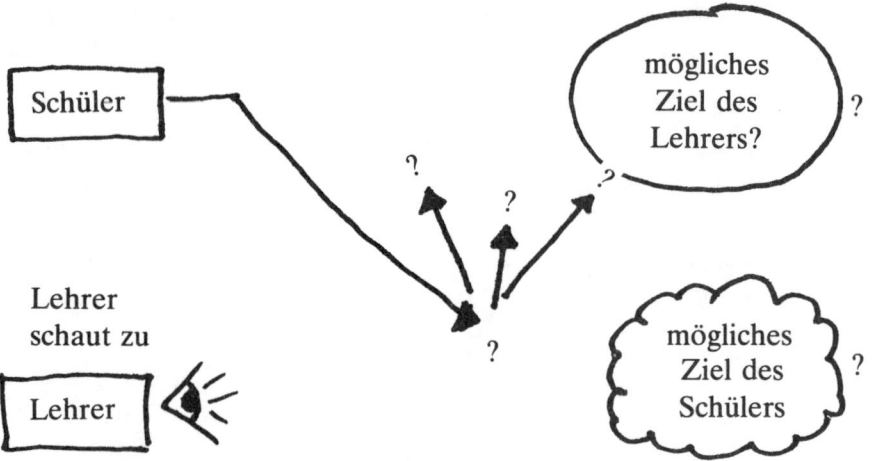

Diese Führungsform ist angemessen beim Vorspielen der Hausaufgaben, beim Ausprobieren und beim Überprüfen des Selbständigkeitsgrades. Das «Laisser faire» muß zeitlich begrenzt und genau angekündigt werden.

1.1.3. Der methodisch-didaktische Aspekt

Wir definieren die beiden Begriffe «methodisch» und «didaktisch» wie folgt:

Methodischer Aspekt: Hier geht es primär um das *«Wie»*, also um Unterrichts*formen*, Unterrichtshilfsmittel, Kontrollmöglichkeiten usw.

Didaktischer Aspekt: Hier geht es primär um das *«Was»*, also um die richtige Aufteilung, Portionenbildung und Gliederung des Unterrichts*stoffes*.

In der Praxis werden diese Begriffe oft verwischt und nicht mehr auseinandergehalten, sodaß an einzelnen Schulen sogar nur von Methodik, an anderen nur von Didaktik geredet wird.

1.1.3.1. Die sechs methodisch-didaktischen Fragen:

1. Welche *Ziele* erreicht der Schüler (unter Anleitung des Lehrers), oder sollte der Schüler erreichen?
   Wir unterscheiden vier Hauptzielbereiche:
   – Wahrnehmen

- Festlegen/Entscheiden
- Üben/Trainieren
- Spielen/Geschehenlassen können

2. Mit welchem «*Stoff*» (= Stück, Etüde, Thema, Inhalt, Tonleiter usw.) werden die genannten Ziele erreicht? (Wie wird der Stoff in «Portionen» gegliedert?)
3. Welche *Methode* wählt der Lehrer, um mit dem unter (2) gewählten «Stoff» das unter (1) genannte Ziel zu erreichen?
4. Welche *Medien*/Hilfsmittel (Tonband, Klangstäbe, Wandtafel, Metronom usw.) setzt der Lehrer ein, damit der Schüler das unter (1) genannte Ziel besser erreichen kann?
5. Welche *Bedingungen* und *Voraussetzungen* erkennt der Lehrer als gegeben und welche schafft er, damit der Schüler das unter (1) genannte Ziel erreichen kann? (Was trägt der Lehrer bei, wo vereinfacht er etwas, wie unterstützt er den Schüler usw.) Weitere Ausführungen zu diesem Punkt siehe Kapitel 1.1.3.2.
6. Welche *Kontrollen* führt der Lehrer durch oder welche Selbstkontrollen besitzt der Schüler, damit Schüler und Lehrer feststellen können, wieweit die gesteckten Ziele bereits erreicht worden sind?

Diese Fragen werden im einzelnen in den Kapiteln 2 bis 6 ausführlich behandelt. Das vorliegende Buch widmet sich ja mit Schwergewicht allgemein methodisch-didaktischen Aspekten des Instrumentalunterrichts.

1.1.3.2. Das Erfassen und Einbeziehen der Unterrichtsbedingungen, -voraussetzungen oder -gegebenheiten

Sowohl im Beziehungsaspekt wie im methodisch-didaktischen Aspekt gilt es, einerseits geeignete und günstige Unterrichtsbedingungen zu *schaffen,* aber auch unveränderbare, als fixe Tatsache vorhandene Bedingungen (oder: Gegebenheiten) zu *erkennen,* zu *akzeptieren* und womöglich in den Unterricht *einzubauen.* Die entscheidende Frage lautet: Wieweit ist der Lehrer in der Lage, (vorerst) nicht veränderbare Bedingungen und Gegebenheiten bei sich, beim Schüler und bei den äußeren Umständen, in denen Unterricht stattzufinden hat, zu erkennen, zu akzeptieren, in zweckmäßiger Form in den Unterricht einzubauen oder entsprechend zu ändern, und:

1. Welche *persönlichen Voraussetzungen und Gegebenheiten* sind beim Lehrer und beim Schüler vorhanden, die sich im Moment nicht oder nur längerfristig verändern lassen, aber die Lehrer-Schüler-Beziehung wesentlich beeinflussen:

- entwicklungs-, lern- und konfliktpsychologische Voraussetzungen, z. B. Alter, Entwicklungsstand, Interesse des Schülers, Lernmöglichkeiten oder -schwierigkeiten in Konflikt- und Streßsituationen; wie lernt der Schüler primär: auditiv, visuell usw.
- Gegebenheiten durch das Herkunftsmilieu (soziale Bedingungen)
- Sympathie- oder Antipathiegefühle in der Schüler-Lehrer-Beziehung
- eigene musikalische und instrumentale Fertigkeiten des Lehrers. (Eigene Schwächen bearbeitet der Lehrer häufig am Schüler, statt an sicht selbst.)

2. Welche *äußeren Bedingungen und Gegebenheiten* lassen sich erkennen?

- materielle, äußere Gegebenheiten (z. B. Zustand des Instrumentes, vorhandene Hilfsmittel, klimatische Bedingungen, die Atmosphäre des Unterrichtsraumes, störender Lärm usw.)
- zeitliche Gegebenheiten (z. B. Unterrichts- bzw. Lektionsdauer, Jahres- oder Tageszeiten, Pünktlichkeit, Häufigkeit des Unterrichtes usw.)
- organisatorische und personelle Gegebenheiten (z. B. Organisationsstruktur der Musikschule)

Wichtig ist, besondere Vorkommnisse zu gewichten und in den Unterricht einzubauen.
Einige Beispiele:

- Der Schüler hat sein Piccolo vergessen. Anstatt dieses Versäumnis eine Stunde lang zu bereden oder den Schüler sogar unverrichteter Dinge wieder nach Hause zu schicken, lassen sich Übungen ohne Instrument durchführen, die den Schüler ebenfalls fördern (rhythmische Übungen, Musiklehre, Gehör-, Atem- oder Bewegungsübungen usw.).

- Unterrichtsbesucher sind anwesend (z. B. der Musikschulleiter). Der Schüler wie auch der Lehrer sind unter Umständen aufgeregt. Anstatt den Schüler auf seine Aufregung anzusprechen, läßt sich z. B. durch gemeinsames Spielen eines Repertoirestückes die Streßbewältigung der Vorspielsituation üben. Die anschließend gemeinsame Analyse wird für ähnliche Situationen Hilfe bringen.
- Es ist eine heiße Sommernachmittags-Stunde – warum nicht dieser Stimmung «heiß» und «gewitterhaft» in einer Improvisationsübung Ausdruck verleihen? «Gute» oder «schlechte» Stimmungen des Schülers sollen möglichst in Musik umgesetzt werden, um sie zu vertiefen oder zu sublimieren.

– Ein Schüler hat nicht geübt. Zwei Lösungen bieten sich an:

1. Die Beweggründe werden analysiert und ermöglichen eventuell für Lehrer und Schüler neue Wege. Es wird deutlich gemacht, daß Schüler und Lehrer gemeinsam Arbeitende sind, daß auch der Lehrer froh über Informationen oder Anregungen seines Schülers ist.

2. Der Lehrer übt mit dem Schüler in der Stunde so, daß ein Erfolg möglich wird, der den Schüler zum Weiterüben motiviert.

Zusammenfassend die wichtigsten Fragen, die zum Thema «Erfassen und Einbeziehen der Unterrichtsgegebenheiten» gestellt werden müssen:

- Was sind im Moment nicht veränderbare Gegebenheiten?
- Was läßt sich in nutzbringende Zeit mit angemessenem Aufwand hier und jetzt noch ändern?
- Mißbraucht der Lehrer oder der Schüler Gegebenheiten als billige Ausrede für eigenes Unvermögen (= den Umständen die Schuld geben)?
- Welche Gegebenheiten lassen sich in den Unterricht zweckmäßig einbauen? Welche Gegebenheiten bieten sogar eine günstige Gelegenheit, etwas ganz Bestimmtes zu üben?
- Welche Gegebenheiten verlangen eine Anpassung und Veränderung des Unterrichtskonzeptes?
- Sind die Gegebenheiten dem Lehrer als auch dem Schüler bewußt?
- Wird der vorhandene «Spielraum» innerhalb der Gegebenheiten optimal genutzt?

Die folgende Übersichtstabelle soll die Vielschichtigkeit des Unterrichtsgeschehens verdeutlichen. Es wird aus ihr ersichtlich, wieviel Schwergewicht dem Beziehungsaspekt zufällt. Jahrelange Erfahrung, Geduld und auch liebevoller Umgang mit sich selbst wird ermöglichen, die eigene Beziehungsfähigkeit zu erkennen, zu akzeptieren und womöglich zu verbessern.

Das Zusammenwirken der Aspekte 1.1.2. + 1.1.3. im Unterricht

	1.1.2. Der Beziehungsaspekt	1.1.3. Der methodisch-didaktische Aspekt (siehe Kapitel 2–6 in diesem Buch)
Entscheide, die der Lehrer im Beziehungsaspekt sowie im methodisch-didaktischen Aspekt fällen muß	*Wie gestaltet der Lehrer die Beziehung zum Schüler im Unterricht hinsichtlich:* – Wertschätzung – Lenkung – Aktivität – Konsequenz – Geduld – Überblick – Echtheit *Wie leitet der Lehrer den Schüler bei Zielabweichungen?* – abbrechend, abblockend – anweisend, lenkend – indirekt leitend, mit «sanfter Gewalt» – bewußt machend – bewußt machend und Entscheidung beim Schüler auslösend – beobachtend im Sinne von «laisser faire» *Wie quittiert der Lehrer Schülerleistungen und Verhalten?*	*Ziele/Teilziele zu den Bereichen* (s. Kapitel 2): – Wahrnehmen – Festlegen – Üben/Trainieren – Spielen/Geschehenlassen Frage: *Wozu?* *Stoff/Inhalt/Thema* (s. Kapitel 3) Frage: *Was?* *Methode* (s. Kapitel 4) Frage: *Wie?* *Medien/Hilfsmittel* (s. Kapitel 5) Frage: *Womit?* *Kontrollen/Selbsterfahrung* (s. Kapitel 6) Frage: *Wie überprüfen?* *Bedingungen* (vom Lehrer zu schaffen) (s. Kapitel 1.1.3.2.) Frage: *Welche Bedingungen schafft der Lehrer dem Schüler?*
Bedingungen, Voraussetzungen, die der Lehrer als gegeben, nicht veränderbar erkennen, akzeptieren und in den Unterricht einbeziehen muß	*Persönliche Voraussetzungen und Gegebenheiten beim Schüler und Lehrer* – entwicklungs-, lern-, konfliktpsychologische Voraussetzungen – Verhaltensmuster in Streß- und Konfliktsituationen – Gegebenheiten vom Herkunftsmilieu – Sympathie- und Antipathiegefühle	*Bedingungen* (als Gegebenheiten) – materielle, äußere Gegebenheiten – zeitliche Gegebenheiten – organisatorische und personelle Gegebenheiten – methodisch-didaktische Kenntnisse d. *Schülers* (*wie üben, wie wahrnehmen, wie festlegen*) – musikalische und instrumentbezogene Fähigkeiten und Voraussetzungen bei Lehrer und Schüler

2. Das Ziel des Unterrichts

(Die Analyse des Musikunterrichts nach vier Teilzielbereichen)

Das nachfolgende Unterrichtsziel-Analysesystem ist *kein Unterrichtsmodell* und *keine Unterrichtsmethode,* sondern ist als Hilfsmittel zur Analyse des Zieles irgendeiner Unterrichtsmethode oder eines Stundenaufbau-Modelles gedacht. *Jede Instrumental-Unterrichtsstunde läßt sich damit analysieren.* Für Aus- und Fortbildungszwecke oder zur Selbstkontrolle kann das Denkmodell der vier Teilzielbereiche auch als Unterrichtsanalyse-Schema für irgendeine Unterrichtsstunde eingesetzt werden. Um die Übersicht über das Unterrichtsgeschehen behalten zu können, sind Strukturierungshilfen notwendig. Auf Grund langjähriger Erfahrungen und Beobachtungen haben wir vier grundlegende Tätigkeitsbereiche, die zugleich die eigentlichen Teilzielbereiche des Instrumentalunterrichts sind, gefunden und erprobt.

> Die vier Teilzielbereiche im Überblick:
> 1. **Wahrnehmen**
> 2. **Festlegen/Entscheiden**
> 3. **exemplarisches Üben** im Unterricht/Trainieren/Üben
> 4. **Spielen, Geschehenlassen** («Musizieren»)

Bei der Gewichtung, Vorbereitung und Durchführung der aufgeführten Tätigkeits- bzw. Zielbereiche gehen wir von der Leitidee (grundsätzliche Zielvorstellung unseres Unterrichtens) aus, die Arbeit so zu gestalten, daß der Schüler in der Lage ist, zu Hause selbständig weiterzuarbeiten. Die vier genannten Bereiche sind nicht zwangsläufig in der aufgeführten Reihenfolge in den Unterricht einzubeziehen. Das Wahrnehmen und das Festlegen greifen oft ineinander über und stehen in Wechselbeziehung zueinander. Nicht in jeder Lektion können oder sollen alle Bereiche berücksichtigt werden, sondern der Lehrer setzt – möglichst in Zusammenarbeit mit dem Schüler – je nach Ausbildungsstand des Schülers, der zur Verfügung stehenden Zeit oder des momentan zu behandelnden Lernschrittes, Schwerpunkte. Es kann also durchaus sein, daß in einer Lektion nur die Bereiche «Wahrnehmen» und «Spielen» oder nur das «Üben» berücksichtigt werden.

Zur Unterrichtsanalyse helfen folgende Fragen:

Welche Zielbereiche wurden wo berücksichtigt, bei welchen Zielbereichen lag das Schwergewicht? Inwieweit wurden Ziele bzw. Teilziele angegangen, konsequent oder inkonsequent verfolgt, waren die Zielsetzungen dem Lehrer *und* dem Schüler bewußt (wurde klar begründet!)? Wieweit wurden die Ziele überprüft bzw. ausgewertet? Usw.

Die vier Teilzielbereiche im einzelnen:

2.1. Wahrnehmen

Erkennen, hören, empfinden, unterscheiden; erfassen, was richtig oder falsch, erwünscht oder unerwünscht ist.

2.1.1. Musikalisches Wahrnehmen

- *Musik ↔ Erlebnis* (Gestalt, der Interpret, der Komponist, Bilder, Gefühle, Bedürfnisse usw.)
- *Musik ↔ Rhythmus* (Puls, Spannung, Lösung, Pausen, Präzision, Notenwerte usw.)
- *Musik ↔ Intonation* (Klänge, Reinheit, Intervalle, Tonart, Stimmführung, Notenlesen usw.)
- *Musik ↔ Gestaltung* (laut, leise, Artikulation, Höhepunkte, Crescendo, Decrescendo, Accelerando, Ritenuto usw.)

2.1.2. Instrumentenbezogenes Wahrnehmen

- Möglichkeiten und Grenzen des Instrumentes (Experimente, Klangfarben, Eigenarten meines Instrumentes usw.)
- «Bedienung» meines Instrumentes (z. B. Widerstände des Instrumentes, die überwunden werden müssen, damit es so klingt, wie ich mir das vorstelle; welche Fingersätze wurden effektiv verwendet, wie war die Bogeneinteilung, reichte der Atem usw.)

2.1.3. Selbstwahrnehmungen des Spielers

(«Ich als Spieler», d. h. wahrnehmen des Körpers, der Haltung, des Atems, der eigenen Gespanntheit bzw. Gelöstheit, der eigenen Bewegungen [notwendige, nicht notwendige], der eigenen Stimmung, der Lernbereitschaft, der Offenheit, der erreichten bzw. nicht erreichten Übungsziele [Fortschritte, Rückschritte], der eigenen Lernstörungen usw.)

2.2. Festlegen/Entscheiden

(Definitives oder vorläufig Gültiges festhalten, eintragen, notieren, abmachen; Lernschritte, Aufbauschritte und Wege zum Ziel fixieren usw.)

2.2.1. Musikalisches Festlegen

(*Wo* piano, *wo* forte, *wo* crescendo, welcher Ausdruck, welches bestimmte Bild als Vorstellungs- und Interpretationshilfe usw.)

2.2.2. Instrumentbezogenes Festlegen

(Fingersätze, Atemzeichen, Lagen, Griffe usw. fixieren und eintragen)

2.2.3. Spielerbezogenes Festlegen

(Haltung, Tempo, Grenzen, vorläufige Kompromisse, für die nächste Stunde zu erreichende Ziele [Übungsziele], Festlegungen, wieweit der Körper gefordert werden darf [d. h. Grenzen festlegen, um Überforderungen zu vermeiden] usw.)

2.2.4. Aufbau-, Übungs- bzw. Lernschritte festlegen

Methodisch-didaktisches Vorgehen festlegen, wie, mit welchen Teilschritten wird etwas gelernt, geübt, erarbeitet. Mit welchen Vorübungen kann eine schwierige Stelle zu Hause geübt werden. Mit welchen «Tricks» läßt sich besser lernen. Hier gilt das Fernziel: Wie kann sich der Lehrer mit der Zeit überflüssig machen? (Dadurch nämlich, daß er laufend den Schüler mit den zu praktizierenden Lern- und Übungsmethoden ganz bewußt vertraut macht.)

Das Festlegen dieser Aufbauschritte kann z. B. schriftlich erfolgen, oder der Lehrer läßt sich die Schritte vom Schüler nochmals genau erzählen oder vormachen, die dann zu Hause beim Üben bestimmter Techniken, Stücke oder Passagen zur Anwendung kommen sollen.

2.3. Exemplarisches Üben/Trainieren

Im Unterricht ergibt sich immer wieder die Möglichkeit oder Notwendigkeit, daß der Lehrer exemplarisch [d. h. beispielhaft oder vorbildlich] mit dem Schüler einen Teil, eine besonders heikle Stelle, eine ausgewählte Technik *so übt,* daß 1. in der Stunde noch ein Erfolgserlebnis eintritt und 2. der Schüler *in der anschließenden Zusammenfassung dem Lehrer auf Grund der eben gemachten Erfahrung genauestens erklären* [oder an einer anderen Stelle sogar vormachen] *kann, wie er die gleiche, eine ähnliche oder andere Stelle, Technik oder Interpretation zu Hause selbständig üben bzw. weiterüben kann.* Mit anderen Worten: Beim exemplarischen Üben werden nicht nur [wie unter 2.2.] die Aufbau- bzw. Übungsschritte besprochen und gezeigt, sondern es wird auch an einem Beispiel genau so vorgegangen, wie es zu Hause beim Üben auch gemacht werden soll [d. h. der einzelne Aufbauschritt wird so lange geübt, bis zum nächsten schwierigeren Übungsschritt gegangen werden kann].

2.3.1. Prinzipien beim Üben

- Summieren von *Erfolgs-* und nicht von *Mißerfolgserlebnissen*!
- Auch das Entspannen und Ausruhen zwischen den einzelnen Übungsschritten und Wiederholungen soll bewußt geübt werden.
- Keine Fehler *wiederholen* (hingegen beachte man: *einmal* Fehler machen ist sehr hilfreich; man weiß dann, wo man effektiv steht).
- Nach einem Fehler muß der Schwierigkeitsgrad *sofort* gesenkt werden, damit wieder fehlerfrei und gelöst weitergeübt werden kann.
- Möglichst gleich zu Beginn des Übens einen Schwierigkeitsgrad wählen, bei dem der Vorgang aller Voraussicht nach gelingen kann (keine Überforderung anstreben).
- Das folgende Grundgefühl auslösen: Ich kann es, ich stehe darüber, weil ich immer einen Schwierigkeitsgrad wähle, der mir und meinen effektiven Möglichkeiten im Moment entspricht.
- Man trenne genau zwischen Spielen und Üben. Beim *Spielen* wird von A–Z gespielt und nur wiederholt, wenn ein Wiederholungszeichen steht. Beim *Üben* wird nach *System* wiederholt.

2.3.2 Vorgehen beim Üben

Sehr vereinfacht dargestellt läßt sich folgendes Vorgehen beim Üben ableiten (dies gilt im Prinzip für alle zu automatisierenden Bewegungsabläufe):

Nachdem sich der Schüler (auch der Lehrer) vergewissert hat, daß er an dem zu übenden Stück oder der Etüde alles *wahrnehmen* kann (2.1.), alles *festgelegt* (2.2.) und das Stück oder ein Teil desselben einmal durchgespielt worden ist, beginnt der eigentliche *Trainings- bzw. Übungsprozeß* (2.3.).

1. Fixieren aller zu übenden Stellen.
2. Entscheid, in welcher Reihenfolge die Stellen geübt werden sollen.
3. Herausgreifen der ersten Stelle.
4. Nochmalige Kontrolle, ob für diese Stelle alles *wahrgenommen* und *festgelegt* ist.
5. Wahl eines Schwierigkeitsgrades (Tempo, Vereinfachung, methodischer Aufbauschritt usw.), bei welchem voraussichtlich der Vorgang gerade noch fehlerfrei (d. h. richtig, so wie man sich es vorstellt) gespielt werden kann.
6. Dieser Vorgang wird (sofern nicht ein Fehler auftritt) *3–4 mal, genau gleich* (gleicher Schwierigkeitsgrad, Tempo etc.) fehlerfrei wiederholt (man beachte, daß zwischen jeder Wiederholung eine kurze entspannende Pause eingehalten wird!):

    ? ⟶ gelingt dies, so wird zum nächst höheren Schwierigkeitsgrad gegangen;

    ⟶ gelingt dies nicht, so wird zum nächst tieferen Schwierigkeitsgrad (zurück-)gegangen.

7. Man beende das Üben immer mit einem Erfolgserlebnis, d. h. die eben erreichte Stufe soll 3–4mal gelungen sein, auch wenn diese Stufe noch lange nicht dem Endziel entspricht.
8. Beim exemplarischen Üben im Unterricht macht der Lehrer 1. dem Schüler den Fortschritt genau bewußt und läßt 2. den Schüler zusammenfassen, wie dieser erste Erfolg jetzt in der Stunde erreicht worden ist.

Schlußbemerkung: Immer wieder tritt die Frage auf, warum ein Vorgang 3–4mal genau gleich wiederholt werden sollte. Die Antwort lautet: Bei den zwei ersten Malen ist der Lernende noch sehr konzentriert (d. h. bewußt dabei); beim 3. und 4. Mal entspannt er sich, die Konzentration läßt ganz natürlich nach, das Bewußtsein zieht sich zurück und entlastet sich von Detailbeobachtungen. Erst jetzt zeigt es sich, ob der Vorgang bereits verinnerlicht und in einer ersten Stufe automatisiert ist. *Das einfache Geschehenlassen ist hier das erstrebenswerte Teilziel.*

2.4. Spielen, Geschehenlassen

(D. h. etwa: einfach gelöst musizieren, improvisieren, darüberstehend spielen, Musiker sein und von A–Z durchhalten.) Hier ist der Lehrer nicht mehr Lehrer, sondern nur noch mitwirkender Musiker oder an der Musik und am Spiel interessierter Zuhörer.

In jedem Unterricht kann oder soll [je nach Auffassung] zu Beginn, während oder am Schluß der Unterrichtsstunde zur Entspannung, zur Bereicherung oder im Sinne von «Stunde der Wahrheit» einfach gespielt werden; z. B.: ein *Repertoirestück* [der Schwierigkeitsgrad dieser Stücke sollte ca. ⅓ der gesamten Ausbildungszeit, die der Schüler auf dem Instrument bereits absolviert hat, zurückliegen] oder eine bestens eingespielte *Improvisation* oder ein *Stegreifspiel,* wobei Fehler oder Schwierigkeiten gar keine Rolle spielen, sondern das Erlebnis, das «Drauflosspielen» zu einer Bereicherung wird.

Jeder Schüler soll so bald wie möglich einige Repertoirestücke spielen können, die er jederzeit hervornehmen und dadurch zeigen kann: Ich beherrsche mein Instrument und kann mich und meine Zuhörer mit Musik erfreuen.)

2.5. Check-Liste zur Unterrichtsanalyse

Die Analyse des Unterrichtes nach den erläuterten Teilzielbereichen läßt den Unterricht transparent werden und ermöglicht immer wieder die klare Unterscheidung von Lernweg und Lernziel. Nachfolgender Frageraster soll hierzu Hilfe sein:

Wahrnehmen

Ist der Schüler in die Lage versetzt worden, seine Übarbeit richtig zu beurteilen?

Ja: Der Schüler kann auch ohne den Lehrer selbständig jederzeit wahrnehmen, was richtig oder falsch ist, was schön, was weniger schön wirkt, was den Interpretationsmöglichkeiten und -vorstellungen entspricht; ob seine Körperhaltung stimmt, ob er gelöst oder verkrampft spielt, wo die Ursache eines Fehlers oder einer Verspannung liegt usw.

Nein: Der Schüler fühlt sich unsicher, kann sein eigenes Spiel nicht richtig beurteilen, kann nicht wahrnehmen, wann er Fehler macht, wie sie zu vermeiden sind, wie er sich lösen kann und wo er Ursachen einer Verspannung suchen muß.

Festlegen/Entscheiden
   Ist der Schüler in die Lage versetzt worden, selbständig ferstzulegen, *was* er *wie* und *warum* tun muß, wenn er zu Hause eine Etüde, ein Stück, eine Problemlösung erarbeiten (z. B. üben) muß?

Ja: Der Schüler weiß genau, mit welchem Fingersatz, welcher Lautstärke, mit welchen Hilfsgriffen, in welcher Lage usw. er eine bestimmte Stelle, ein Stück oder ein technisches Problem spielen will oder muß. Er ist – wenn Fehler, Mißerfolge oder Schwierigkeiten auftreten – in der Lage, die richtigen und zweckmäßigen Schritte zu unternehmen: z. B. Vorübungen, Aufbauschritte, Vereinfachungen, Spannungsausgleichsübungen usw.

Nein: Der Schüler ist inkonsequent in seinem Vorgehen. Er erkennt zwar Fehler, weiß sich aber nicht selbst zu helfen. Er kennt keine (oder zu wenige) Aufbauschritte, Vorübungen usw. und besitzt keine Hinweise (z. B. im Aufgabenheft), um mit den auftretenden Schwierigkeiten fertig zu werden.

Exemplarisches Üben
   Ist der Schüler in die Lage versetzt worden, mit Überzeugung genau zu wissen, *wie* und *wieviel* er üben sollte, so daß in nutzbringender Zeit ein verläßlicher Erfolg eintritt? Ist er in die Lage versetzt worden, geduldig, gelöst und konsequent ohne Fehler zu wiederholen und einen Vorgang soweit zu vereinfachen, daß Erfolgserlebnisse addiert werden?

Ja: Da mit dem Schüler bereits während der Stunde exemplarisch (= beispielhaft) ein Teilbereich (z. B. eine Stelle, eine Vorübung) soweit geübt worden ist, daß ein erstes Erfolgserlebnis schon in der Unterrichtsstunde eingetreten ist, weiß er nun, *wie* er zu Hause üben muß. Er ist weitgehend geduldig, gelassen und konsequent mit sich; er übt lieber nur wenig, dies aber richtig, anstatt alles nur flüchtig zu überspielen.

Nein: Der Schüler weiß vielleicht, wie er eigentlich üben sollte, ist aber nicht fähig, dieses Wissen umzusetzen (eventuell ist er nicht überzeugt davon oder kann dafür keine Geduld aufbringen).

Musizieren/Geschehenlassen

Ist der Schüler in die Lage versetzt worden, auch zu Hause zwischen dem Üben – zur Erholung – einfach einmal etwas zu spielen und zu musizieren (zur eigenen Freude wie auch zur Unterhaltung fremder Zuhörer)? Wurde irgendwann im Verlauf der Stunde musiziert, oder hat man vor lauter instrumentbezogener Lösungsversuche das Endziel des Unterrichtens «vergessen»?

Ja: Der Schüler kann klar zwischen Üben und Spielen unterscheiden. Beim Spielen läßt er geschehen und spielt frisch-fröhlich von A–Z. Bei auftretenden Fehlern oder Unsicherheiten spielt er gelassen weiter. Er spielt ja jetzt und übt später. (Nach lernpsychologischen Grundsätzen heißt üben systematisch wiederholen.)

Nein: Der Schüler trennt nicht klar zwischen üben und spielen. Er kann nicht gelöst ein Stück einfach einmal durchspielen und «die Stunde der Wahrheit» auf sich wirken lassen. Er beherrscht keine Repertoirestücke, deren Spiel ihn zum Weiterüben motivieren könnte.

3. Der Unterrichtsstoff

Der Begriff Unterrichtsstoff (häufig auch als «Inhalt», «Thema», oder «Unterrichtsgegenstand» bezeichnet), sagt aus, *«was»* und *«woran»* in dieser Stunde gearbeitet wird. Im Musikunterricht kann der Stoff z. B. ein bestimmtes Werk, eine bestimmte Etüde, eine Tonleiter, ein bestimmtes Improvisationsthema usw. sein.

Stoff und Ziel sind deutlich auseinanderzuhalten. Die Theorie lautet: «Mittels eines Stoffes wird ein Ziel erreicht.» Der Stoff ist «Mittel zum Zweck» (Mittel = Stoff / Zweck = Ziel). Auf die Frage: «Was ist Ziel Ihrer Lektion?» antworten Lehrer häufig: «Mein Ziel ist: *die Mozart-Sonate X»* oder schon etwas genauer: «an der Mozart-Sonate Y *arbeiten»*, «den Mozart ansehen.»

Die Frage: «Was genau soll der Schüler an oder mit dieser Mozart-Sonate X tun, was soll erreicht werden?» führt zu präziseren Antworten: «Er soll z. B. an dieser Sonate die richtige Phrasierung *üben.»* «Mein Schüler soll am Schluß der Stunde richtig *phrasieren können»* oder noch genauer: «Der Schüler soll an dieser Sonate *wahrnehmen,* wo er *phrasieren* muß, *festlegen,* welche Phrasierungstechnik er *einsetzen* will und die festgelegte Form an einer Stelle der Sonate unter meiner Aufsicht *üben.»*

Warum die fast spitzfindige Unterscheidung zwischen Stoff und Ziel? Die Unterscheidung von Stoff und Ziel zwingt den Lehrer, sich genauer zu überlegen, *wozu* er im Unterricht *welchen besonders geeigneten Stoff* gebraucht (nicht mißbraucht!). Daraus leitet sich die zweite Frage zur Stoffauswahl ab: «Welcher Stoff *eignet* sich ganz speziell zur Erreichung eines bestimmten Zieles?»

3.1. Die Stoffauswahl

Bei diesem Begriff geht es erstens um die *Wahl* und zweitens um die *Gliederung,* d. h. die *Reihenfolge* (Gewichtung, vom Einfacheren zum Schwierigeren, vom Technischen zum mehr Musikalischen, vom Einfachen zum Komplexen usw.).

Jede Auswahl z. B. geeigneter Etüden und Werke verlangt vom Lehrer Fachkenntnis und Fingerspitzengefühl. Wir denken da etwa an die richtige Beurteilung von technischen Fertigkeiten, Alter, Interessen, Umgebung usw. des Schülers. Hält sich der Lehrer an die Stoffreihenfolge einer bestimmten Schule, eines Spielheftes oder einer Etüdensammlung, hat er nur eine bedingte Garantie dafür, daß der Schüler den wichtigsten (Stoff-)Problemen seines Instrumentes begegnet ist. Damit ist aber noch lange nichts über die Qualität der Zielerreichung ausgesagt; sie ist noch nicht garantiert. Die vorliegende Stoffauswahl ermöglicht nach sorgfältiger Stoffanalyse, nun entsprechende Ziele anzupeilen. In den wenigsten Schulen sind konkrete Zielangaben zu finden.

Auch die beste Schule entbindet den Lehrer nicht, je nach Fähigkeit des Schülers zu entscheiden, wo er etwas überspringen oder weiteren Stoff zusätzlich beiziehen sollte. Wird der Lehrer neben der Verwendung einer wohlgeordneten Schule zunehmend mit der Werkwahl konfrontiert, tritt die Frage nach dem Unterrichtsstoff ins Zentrum.

3.1.1. Die Stoffauswahl durch den Lehrer

Hierzu folgende Überlegungen:

- Es ist besser, ein Volkslied schön zu spielen, als sich mühsam durch das Konzert «X» zu «stottern».
- Nur Werke spielen lassen, die der Schüler in einer überblickbaren Zeitspanne technisch beherrschen und sich daher auch der musikalischen Aussage widmen kann. (Falls jeder dritte Ton immer wieder «daneben» geht, kann kaum von Musik gesprochen werden.)
- Nur Werke wählen, die der Schüler beim ersten Blattlesen so spielen kann, daß das Werk noch einigermaßen erkennbar ist.
- In überblickbaren Zeiträumen aus verschiedenen Epochen Werke ähnlichen Schwierigkeitsgrades neben- oder unmittelbar hintereinander spielen lassen, um Vielseitigkeit, Beweglichkeit und Stilempfinden zu schulen (auch Literatur aus der Unterhaltungsmusik ermöglicht es, bestimmte Ziele zu erreichen).
- Werke aussuchen, die dem Milieu, der jeweiligen psychischen Verfassung, dem Alter, den Möglichkeiten des Zusammenspielens, den Interessen, der Körperkraft usw. des Schülers angepaßt sind.
- Die Stoffauswahl primär als Mittel zum Zweck betrachten.
- Schülerwünsche sind zu berücksichtigen. Ein Schüler, der bei der Stoffauswahl beteiligt wird, gestaltet seinen Unterricht auf positive Weise mit. Das kann der Lehrer ab und zu in eine heikle Situation bringen. Er erkennt beispielsweise, daß das

gewünschte Werk noch viel zu schwierig ist, und doch möchte er seinen Schüler nicht enttäuschen oder dessen Eigeninitiative coupieren. (Vielfach will der betreffende Schüler seinen Alterskollegen nicht nachstehen und auch schon das schwierige Stück «Y» spielen – um damit eventuell bluffen zu können.)

3.1.2. Die Stoffauswahl durch den Schüler

Hierzu folgende Überlegungen:

- Man prüfe die Intensität des Schülerwunsches.
- Man ergründe taktvoll die Motive der Wahl.
- Man nehme den Wunsch ernst (den Schüler nicht auslachen).
- Man prüfe die Möglichkeiten des Vereinfachens des Stückes.
- Man wähle nötigenfalls nur einzelne Sätze, sogar nur einzelne Themata.
- Man nehme sogar im Interesse des Schülers Zuflucht zu Transkriptionen des Werkes. (Ein Stoßgebet, daß sich der Komponist nicht im Grabe drehen möge, ist hilfreich!) Es sind jedoch immer die oben beschriebenen Überlegungen zur Werkwahl zu beachten.
- Ein viel zu schwieriges Werk kann auch als Selbsterfahrungs- und Demonstrationsstück verwendet werden, um dem Schüler bewußt zu machen, was er noch alles lernen muß, um sein Wahlwerk einigermaßen verantwortbar spielen zu können (Vorsicht vor Entmutigungen!). Unter Umständen kann die Arbeit am betreffenden Werk sehr motivierend auf den Schüler wirken, ganz bestimmte, vom Lehrer bereitgelegte Etüden im Sinne von Vorübungen anzupacken (gemäß dem Lehrsatz aus der Lernpsychologie: «Der Lernprozeß wird dadurch ausgelöst, daß der Schüler ein Problem nicht nach seinen Absichten lösen kann.»)
- Besonders wichtig ist es auch hier wieder, keine Halbheiten zu dulden, da sonst Fehler (aus dem so heißgeliebten Wahlstück) eingeübt werden und zu Lernbarrieren führen können. Daraus resultiert auch unsere Überzeugung, Werke nötigenfalls zu vereinfachen, jedoch nur so, daß dadurch für einen späteren Zeitpunkt keine Lernbarrieren vorprogrammiert worden sind.

4. Methoden im Unterricht

4.1. Grundsätzliches: Die direkte und die indirekte Methode

Bei der Frage: «*Wie* erreiche ich das Ziel?» steht der *Weg* im Zentrum. Ob der gerade, *direkte* Weg oder der «steinige», *indirekte* Weg zu wählen ist, muß der Lehrer – zusammen mit dem Schüler – von Fall zu Fall entscheiden. Die folgenden Skizzen sollen beide Methoden verdeutlichen.

1. *Die direkte Methode*

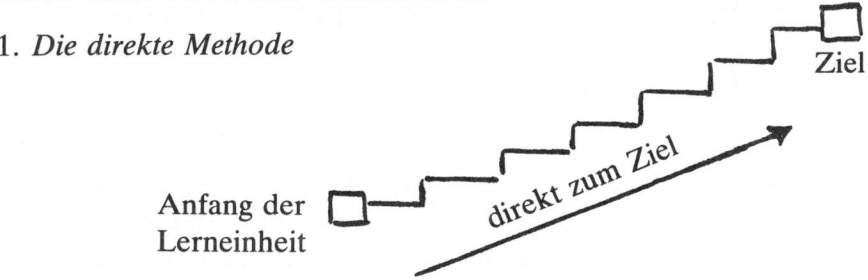

Der Lehrer kennt die normalerweise auftretenden Lernschwierigkeiten und legt daher Lernschritt für Lernschritt auf dem Weg zum Ziel von vornherein fest. Der Schüler geht *alle* Schritte der Reihe nach durch.

2. *Die indirekte Methode*
(= das Ziel ist Ausgangspunkt des Unterrichtes)

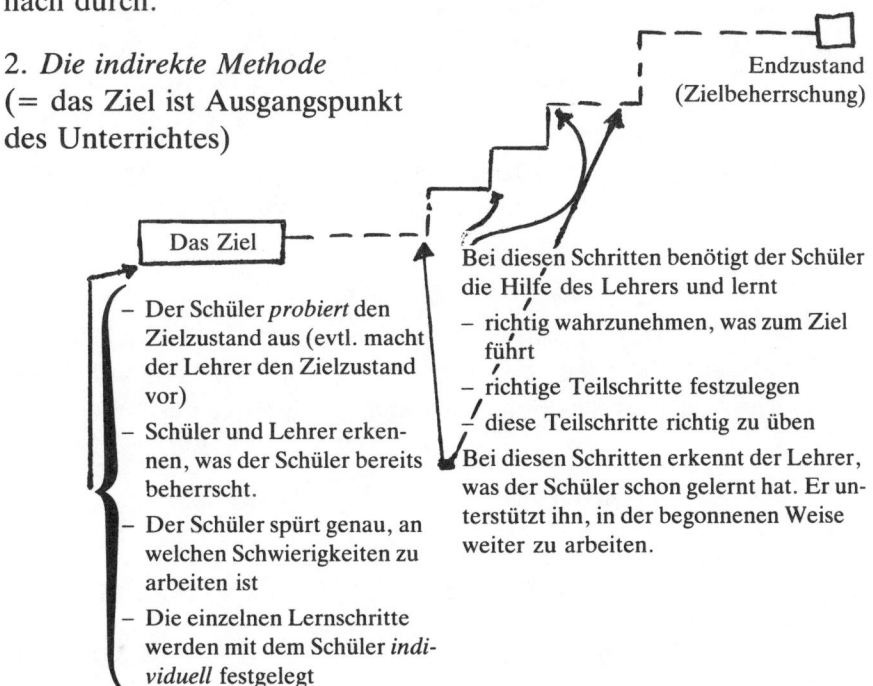

45

Vor- und Nachteile beider Methoden

Die *direkte* Methode scheint auf den ersten Blick rationeller, der Aufbau wirkt logisch; der Schüler wird kontinuierlich geführt, und es wird nichts vergessen. Der Lehrer kennt das Ziel und begleitet den Schüler Schritt für Schritt zum Ziel.

Bei der *indirekten* Methode wird der Schüler wirklich mit einem Problem konfrontiert und erfährt dabei, was er kann oder was er noch nicht kann. Er probiert aus, produziert Fehler, Erfolge und Mißerfolge, und kann dadurch verunsichert werden. Da der Schüler aber quasi den Weg zum Ziel selber sucht, kann allenfalls auftretender Mißerfolg als Lernchance, als Motivation umfunktioniert werden.

Die anfänglichen Um- und Abwege des Schülers sind nicht «verlorene Zeit», sondern dienen dazu,

dem Schüler 1. das Ziel des Lernens zu verdeutlichen
2. ihn für angewandte Methoden zu interessieren
3. ihm damit methodisches Denken und Können zu vermitteln (der Schüler soll ja mit der Zeit vom Lehrer unabhängig werden und eigenständig arbeiten können)

dem Lehrer 4. die von Schüler zu Schüler individuell unterschiedlichen Lernschwierigkeiten bewußt zu machen (d. h. der Lehrer wird gezwungen, für jeden Schüler individuelle Methoden zu entwickeln)

dem Schüler 5. zu zeigen, daß er nur dort die Hilfe des Lehrers braucht, wo das alleinige Weiterkommen in Frage gestellt ist.

Vorsicht: Das Probieren am Zielzustand zu Beginn des Lernprozesses darf nur so lange praktiziert werden, wie noch keine Fehler eingeübt worden und keine Verkrampfung und keine ernsthafte Entmutigung des Schülers eingetreten sind.

4.2. Einige ausgewählte Unterrichtsmethoden

4.2.1. Vormachen/Nachmachen

– Gemeinsam das Ziel besprechen und festlegen (Bedeutung zeigen).

- Den ganzen Vorgang im Zusammenhang vorzeigen. Wenn nötig: Aufgliederung in Einzelschritte.
- Den Vorgang (oder Einzelschritt) nochmals vormachen und erklären. Auf Schlüsselpunkte hinweisen, d. h. zeigen, worauf es ankommt. Auf bereits Bekanntes verweisen (eventuell kann der Schüler bereits mitreden).
- Selber probieren lassen; Lehrer oder Schüler nennen die Schlüsselpunkte.
- Fehler einmal erleben lassen. Den Erfolg verstärken, aufmuntern.
- Den Vorgang langsam wiederholen, eventuell dazu oder zuvor sprechen lassen. Fehlwiederholungen vermeiden.
- Den Vorgang einüben (vorerst unter Kontrolle des Lehrers): wiederholen;
  Vergleichen mit der Zielvorstellung (der Lehrer zeigt unter Umständen den Vorgang nochmals vor, damit der Schüler vergleichen kann);
  die Schlüsselpunkte nochmals nennen und entscheiden lassen:
  – wo ist weitere Hilfe notwendig
  – welches Tempo soll gewählt werden
  – ob der Vorgang eventuell in weitere Einzelschritte zerlegt werden muß
- wie kann eine Störung behoben werden
- usw.
Wiederholen in einem Tempo, in dem es möglichst hundertprozentig gelingt, den Vorgang zu bewältigen.
- Den Vorgang durch selbständiges Üben (wiederholen, vergleichen, entscheiden, wiederholen . . .) automatisieren.

4.2.2. Das Verfahren der Kombination von praktischer und verbaler Arbeit

Sprechen ist das Bindeglied zwischen Handeln und Denken. Es zeigt deutlich, ob ein manueller Lernprozeß auch gedanklich erfaßt worden ist, und sollte darum auch aus lernpsychologischen Gründen im Unterricht häufig eingesetzt werden.

Mögliches Vorgehen:

1. Der Lehrer macht etwas vor und erklärt und begründet sein Handeln, beschreibt den Vorgang im Moment (bei Sängern und Bläsern natürlich vor- oder nachher).

2. Der Lehrer macht etwas vor; der Schüler kommentiert.
3. Der Schüler macht etwas vor; der Lehrer kommentiert.
4. Der Schüler spricht während oder gleich nach Ablauf des Vorgangs (= sprechen *und* tun).

4.2.3. Das fragend-entwickelnde Verfahren

stellt die Führung des Schülers durch den Lehrer ins Zentrum. Ziel ist es, den Schüler durch offene Fragestellung oder begründete Aufträge (siehe Kapitel 4.3. «Etwas Gesprächstechnik für den Lehrer») zum erwünschten Verhalten, zum angestrebten Lernziel oder zur beabsichtigten Wahrnehmung zu führen.

Der Schüler erhält nach der erfolgten Beantwortung der Frage unmittelbar die sachliche Quittierung. Bei dieser Methode gilt der Grundsatz: Alles was der Schüler selber denken, entscheiden, sagen oder tun kann, soll er auch selber denken, entscheiden, sagen oder tun. Die Frage- oder Auftragstellung muß also zunächst soweit gefaßt sein, daß der Schüler sich ernstgenommen, nicht eingeengt oder allzusehr in die angestrebte Richtung gedrängt fühlt. Erst wenn offensichtlich wird, daß der Schüler der dadurch entstehenden Anforderung nicht gewachsen ist, können enger gefaßte Fragen oder Aufträge erfolgen.

Ebenso wichtig ist es, mit der Fragestellung immer an Bekanntes anzuknüpfen, um dem Schüler zu ermöglichen, Neues selbständig herauszufinden. Die Lernschritte (Stufen) variieren hierbei von Schüler zu Schüler und sind seinem Können angepaßt (auch wenn manche Instrumentalschulen und -lehrer zu allgemein nivellierenden Lernschritten verleiten). Bei diesen Lernschritten gilt das Prinzip, zunächst lieber einen zu großen Lernschritt zu wählen, der bei auftretenden Schwierigkeiten abgebrochen und entsprechend angepaßt wird, anstatt mit zu kleinen Aufbauschritten den Schüler zu unterfordern oder einzuengen. Das folgende, detailliert ausgeführte Beispiel soll ein mögliches Vorgehen verdeutlichen.

Das Ziel des Lehrers: Der Schüler soll sich bei der Erarbeitung eines neuen Stückes über Vorzeichen, Takt, Dynamik, Phrasierung und formale Struktur klar werden.

Mögliches Vorgehen (möglicher Auftrag zur Wahrnehmung):
L: «Nenne zuerst alle Punkte, die es vor dem Spielen dieses Stückes zu beachten gilt, damit Dir nachher das Prima-Vista-

Spiel leichter fällt», oder: «Beschreibe alles, was Du siehst und überblickst, was Dir wichtig oder für Dich speziell von Bedeutung erscheint, damit Du gleich beim ersten Spielen des Notentextes möglichst viel umsetzen kannst!»
S: Zählt auf, was er sieht und weiß.
L: Hört zu, nickt bei richtigen Antworten, hilft allenfalls bei langen Denkpausen: «Woran siehst Du das?» «Erkläre das noch genauer!» «Sag mir, wenn Du nichts mehr weißt oder wo Du Schwierigkeiten hast!»

Nachdem der Schüler alles aufgezählt, genauer ausgeführt und auch begründet hat, was er wahrnehmen konnte, ergänzt der Lehrer durch weitere Fragen und Aufträge das Fehlende. Auch bei Ergänzungen soll der Schüler alles, was er selber denken, entscheiden, sagen oder tun kann, *selber* tun.

L: «Ich sehe noch weitere Punkte; beginnen wir mit dem Aufbau! Wenn Du die ersten acht Takte mit den letzten des Stückes vergleichst, kannst Du selbst einiges feststellen. Beginne noch einmal mit Deinen Betrachtungen!» Als Schlußsequenz folgt eine Zusammenfassung:
L: «Fasse nochmals zusammen, was Du entdeckt und aufgezählt hast, damit wir beide sicher sind, daß alles Wichtige angesprochen wurde.»
S: Repetiert (re-petere ist: wieder auf etwas losgehen, von neuem verlangen); hierbei ist manchmal die Hilfe des Lehrers nötig.

Es ist klar, daß wir hier einen sogenannen Idealfall beschrieben haben, der – «zu schön, um wahr zu sein» – doch angeben soll, welche Richtung bei der fragend-entwickelnden Methode unbedingt eingeschlagen werden muß. Obiger Text macht hoffentlich klar, daß die folgende Sequenz von Frage und Antwort keine Freiheit und Selbstverantwortung vom Schüler möglich werden läßt:

L: «Welche Vorzeichen siehst Du?»
S: «Fis, Cis, Gis.»
L: «Welchen Schlußton erkennst Du?»
S: «A.»
L: «Um welche Tonart handelt es sich also?»
S: «A-Dur.»
   usw.

Wir sollten uns als Lehrer davor hüten, den Schüler immer von falschen Antworten abzuhalten, indem wir gleich von vornherein – wie obiges Beispiel zeigt – enge Fragen stellen. Begründete Aufträge sind Möglichkeit, enger Fragestellung auszuweichen.

4.2.4. Das «entdeckende Lernen»

stellt das Suchen und die Flexibilität des Schülers in Zentrum. Ziel ist: den Schüler neue Lernbereiche und Ausdrucksformen selbst entdecken zu lassen und ihm so die Möglichkeit zu geben, neue Erfahrungen zu sammeln. Dabei müssen viele Umwege und auch Mißerfolge miteingerechnet werden, was eventuell einen Nachteil dieser Methode bedeutet. Häufig aber löst das entdeckende Lernen ganz konkrete Lernwünsche beim Schüler aus, die vom Lehrer geschickt aufgenommen werden sollten. Der Lehrer schafft Voraussetzungen und ist anschließend nur noch Begleiter und Kommentator, während der Schüler handelt. Kleinen Kindern ist diese Lernmethode von Natur aus gegeben; ältere Schüler müssen diese Lernform erst wieder entdecken. Hierzu zwei Beispiele:

– Der Lehrer stellt eine Vielfalt von einfachen Instrumenten (Klangstäbe, Tambourin, Schellen, Pfeifen, Gläser usw.) bereit, läßt den Schüler probieren, versucht die Intensität des Schülers zu gewichten und auf diese Intensität verstärkend einzugehen (zeigt entsprechende Spieltechniken und Ausbaumöglichkeiten).
– Der Lehrer läßt den Schüler neue Klangmöglichkeiten seines Instrumentes ausprobieren und regt ihn dazu an, damit zu improvisieren.

4.2.5. Die Methode des Über- bzw. Untertreibens

hat zum Ziel, dem Schüler zu ermöglichen, Grenzen zu erfahren, die helfen (Übungs-)Reserven zu bilden, auf die er in Streßsituationen (wie Vorspielen) zurückgreifen kann. Diese Methode ist unerläßlich bei allen Übungen für den Ausdrucksbereich. Da Extreme ausprobiert werden, sind zudem auch *technische* Schwierigkeiten leichter erkenn- und übbar. Die gewonnene Erkenntnis wird es ermöglichen, anschließend das richtige Mittelmaß (z. B. von Tempi oder Ausdruck) zu wählen. Diese Methode ist besonders dazu geeignet, einen bestimmten Wahrnehmungsvorgang beim Schüler auszulösen. Zwei extreme Darstellungen (z. B. Spielweisen) lassen deutlich werden, wie man sich festlegen möchte. Über- oder Untertreiben (sogenanntes «ziehen» oder «dämpfen» durch Gestik, mitspielen, begleiten usw.) kann als Methode des «Mitreißens» zur Anwendung kommen.

4.2.6. Die Methode des Imitierens

hat zum Ziel, durch liebevolles «Spiegeln» ein erwünschtes Schülerverhalten auszulösen. Persiflagen (kein Nachäffen!) des Schülers müssen behutsam vorgenommen werden. Taktvolles Nachahmen von bestimmten Haltungen, Bewegungen, Spielweisen usw. des Schülers durch den Lehrer können zu erwünschten Verhaltensänderungen führen.

4.2.7. Alle Sinne ansprechen und am Lernvorgang mitbeteiligen – ein methodisches Prinzip

Dieses Prinzip ist keine neue weitere Unterrichtsmethode, sondern sollte in möglichst allen Methoden angewendet werden. *Ziel ist, einen Handlungsablauf unter Beteiligung (Einbezug) möglichst vieler Sinne besser und umfassender erleb- und lernbar werden zu lassen.* Jeder Handlungsablauf (ganz einfach z. B. das Spielen einer Tonfolge) wird so vielfältig vertieft. Es sei auf die Vielfalt der *Sinne* hingewiesen: Hören, Sehen, Tasten, Schmecken, Riechen; im weitesten Sinne: Singen, Benennen (Sprechen), Bewegen, Tanzen, Klopfen, Schreiben, Zeichnen usw.

Die nachfolgenden Beispiele sind in ihrer Reihenfolge nicht zwingend. Beim eigentlichen Übungsprozeß jedoch sollte eine Zeitlang die gleiche Reihenfolge beibehalten werden.

Beispiele:

Töne hören / Töne singen / Töne auf dem Instrument mit den Augen suchen / am Instrument ausprobieren / hören und vergleichen / nochmals singen / benennen / blind tastend auf dem Instrument suchen / aufschreiben / allenfalls die Tonhöhen räumlich darstellen (hoch–tief) / Töne auf am Boden des Unterrichtszimmers groß aufgeklebten Notenlinien – von Ton zu Ton hüpfend – im Raume erleben / Tonfolgen transponieren / den Charakter einer Tonfolge beschreiben oder eine Zeichnung dazu herstellen / auf einer Mol-Tonwand die Töne anheften / auf einem anderen Instrument die gleiche Tonfolge spielen (z. B. Glockenspiel) / sich die

Tonfolge vorstellen / sie innerlich hören / nur noch denken und sich neue Folgen ausdenken / sich an ähnliche Folgen erinnern usw.

Um Sicherheit zu ermöglichen und Verwirrung zu vermeiden, sollte die jeweils gewählte Tätigkeit (mit dem entsprechend aktivierten Sinn) erst dann verlassen werden, wenn sie mehrmals hintereinander beherrscht worden ist. Es gelten in jedem Fall die Prinzipien des Übens. Wir haben die Erfahrung gemacht, daß dem Tastsinn häufig zu wenig Aufmerksamkeit geschenkt wird. Um den Tastsinn zu schulen, muß vorübergehend der visuelle Kontakt (Gesichtssinn) ausgeschaltet werden, indem z. B. nur noch der Blick auf die Noten ermöglicht wird (durch Abdecken der Klaviertasten).

Es ist besonders schwierig und heikel für den Lehrer, einem Schüler *Vorstellungen* von Tonfolgen, Bewegungsabläufen, Tonhöhen, Tonerzeugung (z. B. auf einer Trompete), Tonarten, Kadenzen, verschiedenen Darstellungsweisen gleicher Rhythmen in der Notenschrift, Aufbauschritten usw. zu vermitteln, da der Schüler in «instrumentgerechten Maßnahmen» denken können muß. «Denken ist inneres Handeln mit Begriffen», lautet eine Definition. Denken kommt deshalb von (äußerem) konkretem Handeln mit Greifbarem. Aus vielfach wiederholtem (tastendem) Greifen entsteht der Begriff. Die Sprache bzw. das beschreibende Sprechen und – damit verbunden – das Schreiben und Zeichnen sind Bindeglied zwischen konkretem Tun und begleitendem Denken. Praktisch heißt das, daß nach dem jeweiligen Tun (also spielen, hören, singen, klopfen usw.) das Darüber-Sprechen, das Schreiben und Zeichnen folgen sollten. Beispiele solcher Vertiefungen: Der Schüler faßt in Worten zusammen, was er wie und warum getan hat (er schreibt z. B. in das Aufgabenheft die wichtigsten Punkte auf). Er notiert Tonfolgen in verschiedenen Tonarten, den gleichen Rhythmus in unterschiedlicher Notation usw. Auch Aufbauschritte (z. B. Vorgehen beim Üben) können notiert werden. Schließlich lassen sich gewisse Zusammenhänge auch in Form von Skizzen oder Tabellen darstellen (z. B. Ausfüllen bzw. selbständiges Erstellen einer Grifftabelle, wiederholtes Zeichnen der Saitenschwingungen, des Quintenzirkels usw.).

Zum Schluß sei noch darauf hingewiesen, daß auch Gefühle (Begleitgefühle, Vorstellungen, Einfälle, Erinnerungen usw.), die beim Spielen eines Stückes, einer schwierigen Stelle oder etwa beim Vorspielen entstehen, verbal ausgedrückt faßbarer werden und somit zu einem gelösteren Erleben führen können.

4.2.8. Das Üben

4.2.8.1. Grundsätzliches

«Üben, üben und nochmals üben!» ... Wer sieht bei diesem Satz nicht einen erhobenen Zeigefinger und erinnert sich nicht lustloser und qualvoller Momente? Nein, üben muß kein notwendiges Übel sein. Wer weiß, wie zu üben ist, wird Freude daran haben. Das Üben von Fertigkeiten sollte an erster Stelle stehen. Auftretende Schwierigkeiten sind leichter mit festem Wissen um erarbeitete Fähigkeiten zu bewältigen.

Jedem Greifen soll ein Begreifen vorausgehen. Klang, Rhythmus und körperliche Lockerheit müssen in jedem Übablauf unterschiedlich beachtet werden. Das Ganze muß zunächst in den einzelnen Teilbereichen erkannt, vertraut gemacht und kontrolliert werden, um es als einheitliche Handlung ausführen zu können. Üben, auf spielerische Weise, unter Einbezug von Musizierfreude und Freude am körperlich sensitiven Umgang mit dem Instrument, ist Grundelement aller Arbeit im Unterricht. Der Schüler darf nicht allein und unvorbereitet in den Übprozeß geschickt werden. Dabei ist zu bedenken, daß in jeder Altersphase andere Anforderungen an den Lernenden im Vordergrund stehen, die es beim Üben zu beachten und miteinzubeziehen gilt. Jeder Schüler muß wissen, *was, wie, wieviel* und *warum* er etwas üben muß. Die zu übenden Stellen sind klar abzugrenzen. (Die Erfahrung zeigt, daß der Übbogen meist viel zu weit gespannt wird.)

Ein Schüler, der gelernt hat, sein Können durch Üben sicher zu vertiefen, für ihn spezifische Schwierigkeiten zu erkennen, und der außerdem weiß, wie er diese Schwierigkeiten durch Einbezug von Phantasie, Intelligenz und Gefühl bewältigen kann (d. h. Veränderung ermöglicht), wird selbständig und mit Freude üben.

4.2.8.2. Das Bilden von Automatismen (Üben/Trainieren)

Bei einem sogenannten automatisierten Bewegungsablauf erfolgt auf einen Auslösereiz automatisch, d. h. ohne Einschalten des Bewußtseins, eine mehr oder weniger komplexe Reaktionsfolge (Bewegungs- bzw. Gedankenablauf), die immer *nach dem gleichen Muster* abläuft. Der automatisierte Bewegungsablauf bildet sich durch ständige Wiederholung (= Lernen durch Gewöhnung). Er kann mit Reflexen verglichen werden, ja er setzt sich aus einer

Reihe von sogenannten willkürlichen Reflexen zusammen. Willkürliche Reflexe sind erworben.

(Im Gegensatz dazu sind unwillkürliche Reflexe angeboren: Pupillenreflex, reflexartiges Schließen der Augen, Gänsehaut bei Kälte oder Schreck usw.)

Es gibt verschiedene Abstufungen der Automatisation (d. h. der Grad der Störbarkeit bzw. der Beeinflußbarkeit ist unterschiedlich). Beim Musizieren sollte einerseits über ein reiches Repertoire von Automatismen verfügt werden, um die Gedanken und das Bewußtsein auf das Wesentliche konzentrieren zu können (z. B. die Musik, den musikalischen Ausdruck); andererseits sollte aber ohne weiteres eine gewisse Flexibilität in der Veränderbarkeit oder Anpassungsmöglichkeit eines automatisierten Vorganges gewährleistet sein. Es ist daher anzustreben, das Bewußtsein in möglichst jeden automatisierten Vorgang einschalten zu können, ohne ihn zu stören (Volksmund: ohne «drauszufliegen»). Deutlicher gesagt: Mit einer bewußten und gezielten Willensanstrengung sollte es möglich sein, jeden Vorgang allenfalls leicht zu variieren.

Wir müssen uns darüber im klaren sein, daß die Erlernung eines Instrumentes in erster Linie von der Bildung von Automatismen abhängig ist, um überhaupt für die Musik und das Musizieren frei zu sein.

4.2.8.2.1. Leitideen für das Bilden von Automatismen

Grundsätzliches:

- Einen Vorgang als solchen *immer genau gleich* wiederholen (aber durchaus in verschiedenen Zusammenhängen!).
- Alle Schritte immer wieder bewußt vollziehen. Später: sich immer wieder in *unregelmäßigen Abständen* an irgendeinem Ort mit dem Bewußtsein einschalten, dem automatisierten Vorgang gleichsam zusehen.
- Am Lernprozeß möglichst viele Sinne mitbeteiligen. (Daraus entstehen sichernde Querverbindungen, die bei Störungen helfen, z. B. vorstellen, reden, singen, tasten, hören.)
- Zur Kontrolle den automatisierten Vorgang im «Streß» ablaufen lassen (z. B. 3–4mal in geeignetem Tempo hintereinander ohne Pausen, sozusagen als «Rundfahrtübung»). Achtung: Bei auftretenden Fehlern *sofort* abbrechen!

- Alle Vorgänge möglichst mehrmals im selben Tempo wiederholen:
  mindestens 3–4mal, maximal 7–9mal im selben Tempo, im selben Zusammenhang und im selben Schwierigkeitsgrad, da dann ein Lernplateau erreicht ist. Zur absolut sicheren Kontrolle, die zeigt, ob der Vorgang wirklich beherrscht wird, reicht meistens eine 3–4malige Wiederholung. Tritt auch beim 3. und 4. Mal kein Fehler auf, so besteht ein hoher Grad an Wahrscheinlichkeit, daß der Vorgang «sitzt».
- Periodisch jeden automatisierten Vorgang, der bereits in hohem Tempo abläuft, wieder einmal ganz langsam und bewußt durchspielen.
- Das Bilden von Automatismen langfristig planen (z. B. während eines halben Jahres jede Stunde dieselben Übungen durcharbeiten). Leider haben oft unerfahrene Musiklehrer – unberechtigterweise – Angst, vom Schüler Wiederholungen zu verlangen. Die Forderung an den Schüler, 3–4mal im selben Schwierigkeitsgrad eine Stelle zu wiederholen, scheint *im ersten Moment unangenehm* zu sein. Wenn der Schüler aber den ersten Erfolg erlebt und genau weiß, warum er so viele Male hintereinander wiederholen muß, wird er dem Lehrer diesen Zwang nicht übelnehmen, sondern ihm für das «stellvertretende Wollen» dankbar sein.

4.2.8.2.2. Üben:

Wichtig ist hier, sich nach einmaligem Durchspielen des ganzen zu übenden Vorganges einzelne Teile, die automatisiert werden müssen, zu merken, und dann mit dem Üben zu beginnen.

Anmerkung:
Das Wort «Fehler» wird in der Grafik auf Seite 57 als Sammelbegriff für folgende Umschreibungen verwendet: «falsch», «unsicher», «nicht klar», «unmusikalisch», «nicht den Vorstellungen entsprechend», «nicht überzeugend», «zu wenig ausdrucksvoll» usw.

Das Vorgehen nach der eben erwähnten Methode ermöglicht es dem Schüler, Übungsfortschritte unmittelbar zu beobachten, Ruhe und Sicherheit durch die 3–4mal gleichbleibenden Wiederholungen zu finden und gleichzeitig immer ein Stück Spannung (Aufregung, Lampenfieber) zu bewältigen. Zudem wird durch die mehrmalige Wiederholung kontrollierbar, was auf welche Weise unbewußt wird, und ob sich das Bewußtsein ohne nennenswerte Störung in Einzelbewegungen des ganzen, bereits automatisierten Ablaufes einschalten kann.

Selbstverständlich kann diese Trainingsmethode nicht überall und immer zur Anwendung kommen; sie sei aber als Hinweis und «Marschrichtung» gedacht. Viele Lehrer scheuen sich leider, bereits *während* des Unterrichtes den «härteren» Teil des Übens – das systematische Wiederholen – «anzupacken».

Besonders geeignet ist die oben genannte Methode für motorisch gehemmte, nervöse oder unsichere Schüler. Sie ersetzt niemals fundierte fachdidaktische und lernpsychologische Kenntnisse und geschicktes, wertschätzendes Lehrerverhalten, sondern bildet lediglich eine wertvolle Ergänzung dazu. Bloßes Wiederholen in verschiedenen Tempi wird mit der Zeit eintönig. Es ist daher wichtig, daß der Schüler zusätzlich auf verschiedene abwechslungsreiche Veränderungen zurückgreifen kann. Wir denken an rhythmische Veränderungen, Veränderungen der Spielart, Wiederholung in neuem Zusammenhang, das Üben in abgegrenzten kleinen «Portionen», die Möglichkeit zur Entspannung, intermittierend z. B. ein Repertoirestück zu spielen usw.

4.3. Etwas Gesprächstechnik für den Lehrer

4.3.1. Die Fragetechnik

Der Denkanstoß oder: Die Kunst, Denkanstöße in Form von «Fragen» zu geben, ohne den Schüler unnötig einzuengen.

4.3.1.1. Grundsätze

- Man stelle möglichst Fragen, die mit Sätzen beantwortet werden können.
- Man vermeide eher Fragen, die nur mit einem Wort oder mit ja oder nein beantwortet werden können (nicht: «Hast Du gut üben können?»).
- Man gebe zu Beginn des Gesprächs dem Schüler die Gelegenheit, sich möglichst frei zu einem Problemkreis zu äußern und schränke ihn nicht durch zu eng gefaßte, zwingende und zu rasch nacheinander gestellte Fragen ein. Deshalb beginne das Gespräch mit möglichst offenen Fragen, z. B.: «Berichte mir, wie Du bei der Erarbeitung dieses Werkes vorgegangen bist!»

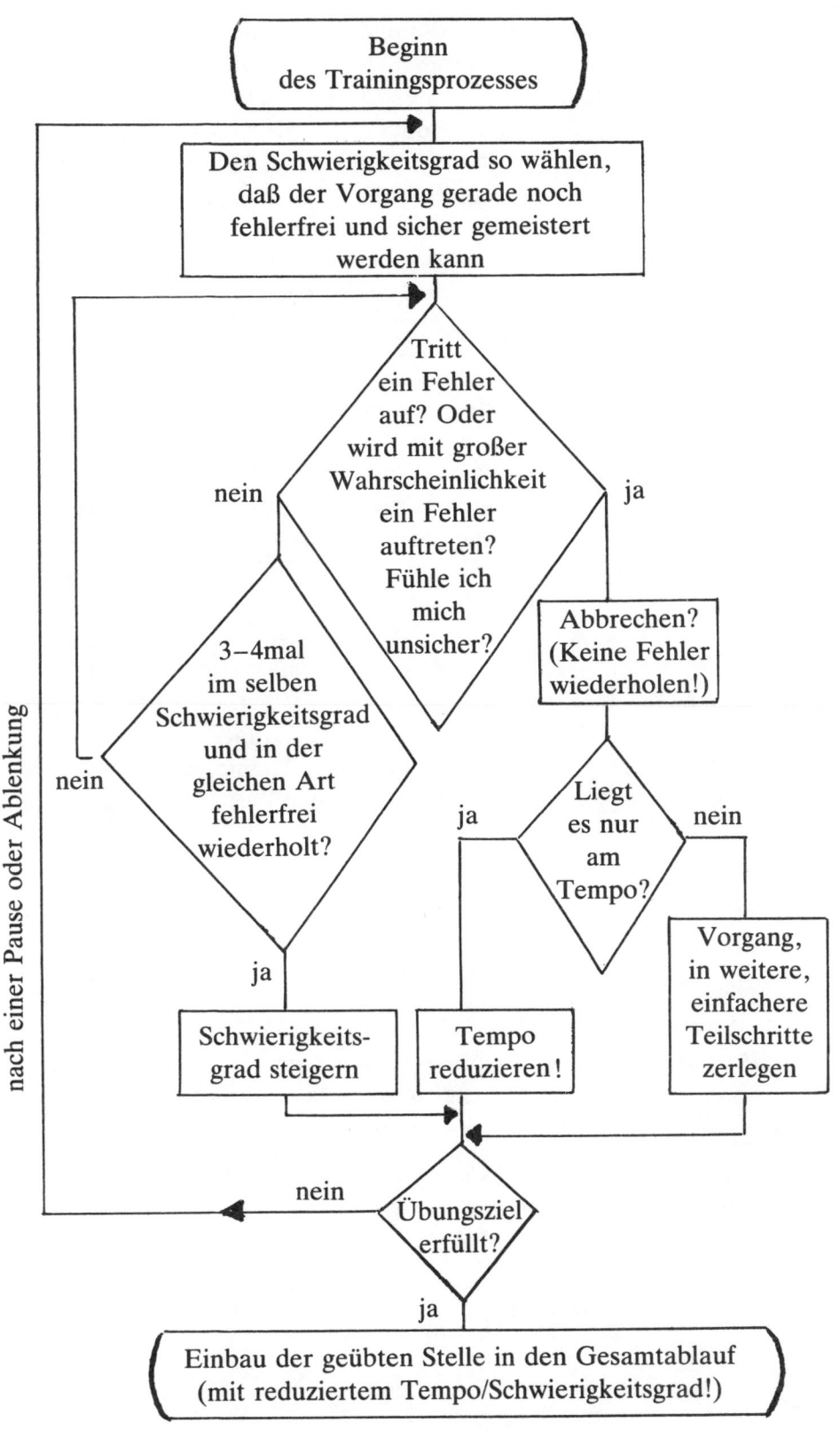

- Man begründe seine Fragen und Feststellungen, um Einsicht und Blick auf das Ziel zu ermöglichen. (Dadurch erhält der Schüler mehr Vertrauen. Der Lehrer ist gezwungen zu kontrollieren, ob seine Frage, Feststellung oder Aufforderung sinnvoll ist.)
- Man frage weniger nach Meinungen und Urteilen, sondern nach Sachen und Fakten; man fordere den Schüler eher zum sachlichen Beschreiben als zum bloßen Beurteilen auf (also nicht: «Wie findest Du Dein Spiel?», sondern: «Was hast Du festgestellt?» «Zeige die Stellen, die Du nochmals üben mußt!»

4.3.1.2. Die offene Frage und die geschlossene Frage

- Die *offene* Frage umfaßt das ganze Problem. Sie ist meist Auftrag, der dem Schüler überläßt, zu welchem Aspekt er sich zunächst äußern möchte. Durch diese weite Fragestellung erhalten wir Lehrer Einblick in die Denkweise des Schülers. Nicht zum Thema gehörende, aber im Erlebnisbereich des Schülers liegende Probleme können somit aufgegriffen werden und ergeben eventuell im Laufe des Unterrichts interessante (motivierende) Querverbindungen. Offene Fragen ermöglichen also viele Antworten. Leider haben manche Schüler anfänglich Hemmungen, die gewährte Freiheit der offenen Fragestellung zu nutzen. Ist man als Lehrer unsicher, hat man vielfach nicht den Mut zur offenen Frage (z. B. aus Angst, vom Thema abzukommen oder mit etwas konfrontiert zu werden, worüber man nicht Bescheid weiß).

Beispiel einer *offenen* Frage:
«Beschreibe mir, was Du aus dem Notentext an wichtigen Informationen entnimmst, bevor Du zu spielen beginnst!»

Die *geschlossene* Frage
erfaßt nur einen oft sehr kleinen Teilaspekt aus einem gegebenen Problem. Hier wird zu einem ganz bestimmten Punkt eine spezifische Antwort erwartet (oft nur ein «Ja» oder «Nein»).

Beispiele:
- «Was ist das für ein Vorzeichen?»
- «Wie heißt der letzte Ton des Stückes?»
- «Was ist das für ein Takt?»

4.3.1.3. Frageformen

Formen von «Fragen» (=Denkanstößen), um den Schüler zum Reden bzw. zum Handeln zu veranlassen:
(Derselbe «Frageinhalt» kann in verschiedenste *sprachliche Formen* gekleidet werden. Der Lehrer sollte sich dieser Vielfalt bewußt sein und sie ausnützen.)

- Die *eigentliche Frage* (mit Fragepronomen, Inversion und Fragezeichen)
  Beispiel: «Welche Probleme stellen sich beim Üben in diesem Stück?»
- Die *Aufforderung,* die Bitte, der Befehl
  Beispiele: «Nenne die Probleme, die sich hier beim Üben ergeben!»
  «Beschreibe mir bitte, wie Du dieses Stück üben wirst!»
  «Suche die schwierigsten Stellen und erkläre mir, was Dir vermutlich Mühe bereiten wird!»
- Der Kommentar, die Aussage
  Beispiele: «Dieses Stück wird Dir einige interessante Probleme bieten ...» (der Schüler wird vielleicht weiterreden).
  «Du schaust so erstaunt. Ich vermute, Du traust Dir nicht zu, daß du dieses Stück bewältigen kannst ...»
  «Du hast das ähnliche Stück so gut gelernt, daß Du dieses neue Werk vermutlich allein erarbeiten kannst. Jedenfalls nehme ich das an ...»
  «Das nächste Mal lasse ich mich dann überraschen ...»

Das Aufgreifen des «Schlüsselwortes» des Schülers ist:
- betontes Wiederholen bestimmter vom Schüler geäußerter Fragen, Worte oder Sätze.
  Beispiel:
- Schüler: «Ich werde dieses Werk nie spielen können!»
  Lehrer: «Nie!»
  Schüler: «Ja, vielleicht schon, aber ich werde sehr große Schwierigkeiten beim Üben haben.»
  Lehrer: «Schwierigkeiten! Große Schwierigkeiten!» ... usw.

Das Schweigen, welches der Schüler allenfalls bricht, um weitere Informationen abzugeben.
Vorsicht! Gefahr der Verunsicherung!

Die Mimik, Gestik (in fragendem Sinn),
die den Schüler zum Weitersprechen, zum Ändern des Gesprächsthemas oder zum Handeln anregen.

4.3.2. Die Gesprächs- und Diskussionsleitung

(Ein Gesprächsleitfaden für die Leitung von Gruppengesprächen und Diskussionen)

Zur Minimalvorbereitung eines Gesprächs – sei dies ein Elternabend, eine Sitzung, ein Klassenunterrichts-Gespräch oder eine klärende Aussprache – gehört als Minimalvoraussetzung die wörtliche Formulierung der *Startfrage* und die Beherrschung eines einfachen *Gesprächsleitfadens*.

4.3.2.1. Die vollständige Startfrage zur Eröffnung des Gesprächs oder eines neuen Themas enthält folgende Punkte:

- eine offene Fragestellung, die viele Beiträge der Teilnehmer auslösen kann
- zur Sache kommen (man vermeide Meinungsfragen oder Fragen, die mit «warum» beginnen, damit das Gespräch – wenigstens am Anfang – sachlich bleiben kann)
- eine Begründung der Fragestellung in doppelter Hinsicht, nämlich:
    - warum gerade *hier* und *jetzt* . . .? (d. h. welcher Anlaß, welche Gründe führten zum heutigen Gespräch?)
    - *warum* im *Hinblick auf* . . . (d. h. welche Absicht, welches Endziel hat das heutige Gespräch?)
- Hinweise: Was ist jetzt zu «tun», d. h. was wird von den Gesprächsteilnehmern jetzt erwartet, z. B. welche Hinweise, welche Gesprächsregeln gelten, was können die Teilnehmer nun «tun»? (z. B. erzählen, sich der Reihe nach kurz äußern, jeden Teilnehmer reden lassen, auch wenn dessen Beitrag allenfalls unerwünscht oder falsch ist, versuchen bei der Sache zu bleiben, Wertungen und Beschuldigungen nicht zuzulassen usw.).

4.3.2.2. Ein einfacher Gesprächsleitfaden   (Man beachte die 3 Phasen des Gesprächs)

Phasen	Gesprächs-zeit	Teilziele	Aktivität des Gesprächsleiters	erhoffte Aktivitäten der Teilnehmer
1. öffnen	1/4 der Gesprächs-zeit	– Sammeln möglichst vieler Beiträge der Teilnehmer – keine Wertung – jeder kommt zu Wort – Vielredner müssen sich zurückhalten	– *sorgt* dafür, daß alle Teilnehmer zu Wort kommen und daß die einzelnen Beiträge noch nicht beurteilt oder kritisiert werden – *stellt* die *Startfrage* (s. oben) – *enthält* sich selbst jeder inhaltlichen Beiträge zum Thema – *notiert* wichtige Punkte (z. B. auf einer Tafel oder Hellraumprojektor) – *wiederholt* allenfalls Teile der Startfrage – *ermuntert* die Teilnehmer zum Reden	– bringen ihre Ideen und Informationen ein – fallen einander nicht ins Wort – kontrollieren, ob der Gesprächsleiter ihren Beitrag richtig notiert – halten sich ans Gesprächsthema
2. ordnen	1/2 der Gesprächs-zeit	die gesammelten Beiträge werden nach Kriterien geordnet, gesichtet, gewichtet und gegliedert; neue Informationen (jetzt auch des Gesprächsleiters) fließen ein; Gliederungs- und Ordnungskriterien werden ausgewählt	– *Ordnungs- und Gliederungskriterien festlegen* (Ordnungskriterien selber aufstellen oder durch Teilnehmer und allfällig anwesende Fachleute aufstellen lassen) – *Festlegen des weiteren Vorgehens:* z. B. die Reihenfolge der Behandlung der Beiträge – *Hinweis* auf die zur *Verfügung stehende Zeit* – *Wiederholung* der *Zielvorstellung* (aus der Startfrage) – *eigene Informationen,* Theorien oder Begründungen einfließen lassen – führt das Gespräch durch *Zusammenfassungen* (besonders bei Punkten, wo noch Uneinigkeit herrscht)	– stellen Ordnungskriterien auf oder geben ihr Einverständnis zu vorgelegten Ordnungskriterien – ordnen, vergleichen, beurteilen, stellen Fragen, entscheiden, wo weitere Informationen notwendig sind – halten sich an die festgelegte Reihenfolge der Themen und beschränken sich auf das Wesentliche
3. abschließen	1/4 der Gesprächs-zeit	– Überblick gewinnen – festhalten, was noch nicht geklärt oder behandelt ist – Zusammenfassung – Kontrolle, wieweit das Gesprächsziel erreicht worden ist – Meinungsbildung – Ausblick	– *faßt zusammen* (oder läßt einzelne Teilnehmer zusammenfassen) – *setzt Schwerpunkte* – *zeigt,* wo Einigkeit herrscht und wo verschiedene Standpunkte bestehen – *verdeutlicht* allfällige Fronten und unterschiedliche Auffassungen – zeigt, *was nicht behandelt wurde* und klärt mit den Teilnehmern, *wie es weitergeht* – *vergleicht* Ausgangslage und erreichten Ist-Zustand des Gesprächs	– fassen allenfalls Teilaspekte zusammen – klären gegenseitig ihre unter Umständen unterschiedlichen Standpunkte. – legen sich fest, wie es weitergehen soll – setzen persönliche Schwerpunkte – geben allenfalls (z. B. der Reihe nach) in wenigen Worten ihre Meinungen und Gefühle zum Gesprächsverlauf ab

4.3.3. Chancen und Gefahren beim Beurteilen von Schülerleistungen

Aus der Lernpsychologie wissen wir, daß erwünschtes Schülerverhalten (z. B. «richtiges», «fehlerfreies» oder «musikalisches» Spiel) zu verstärken bzw. zu bestärken ist.

4.3.3.1. Das Lob:

Die naheliegendste Form des «Verstärkens» ist das Loben, das in unterschiedlichster Weise gehandhabt werden kann. Für den Lehrer scheint es einfach zu sein, Lob in Form von «Urteilen» wie: «gut», «ausgezeichnet», «sehr musikalisch», «glänzend», «schön», zu geben. Der Schüler wird sich an diese Art des Lobens gewöhnen und versuchen so zu arbeiten, daß der Lehrer zufrieden ist. Dies soll aber nicht das Fernziel unserer pädagogischen Arbeit sein: Vielmehr sollte der Schüler befähigt werden, *selbständig* und aus *eigenem Antrieb* zu arbeiten, sein Instrument so zu spielen, daß er sich bei auftretenden Schwierigkeiten selbst zu helfen weiß und aufgrund seiner Selbständigkeit und seines Wissens auch mit anderen freudig musiziert. Daraus ergibt sich, daß *Verstärkung vorwiegend in Form von sachlichen Feststellungen und konkreten Hinweisen zu geschehen hat.* Loben ist also für den Lehrer eine wesentlich anspruchsvollere Arbeit als nur lobende Urteile («gut», «hervorragend» usw.) abzugeben. Das Lob (Verstärken) sollte vielmehr bewirken, dem Schüler *bewußt* zu machen:
– *was* sich konkret *warum* verändert hat und
– welche *Auswirkungen* seine erbrachten Bemühungen haben.

4.3.3.2. Die Kritik:

Es liegt nahe, daß diese Vorgangsweise auch für Kritik zutrifft. Wenn das Lob sachbezogen erfolgt, sollte umsomehr auch die Kritik sachbezogen erfolgen. Aufbauende Kritik ist nur dann möglich, wenn gleichzeitig nach konkreten Lösungen gesucht wird. Sogenanntes «Baden» in Urteilen wie «unmusikalisch», «schlecht», «zu wenig konzentriert» usw. stellen die Sache (z. B. das Erlernen eines Instrumentes) in den Hintergrund und vermitteln dem Schüler primär das Gefühl, daß der Lehrer mit ihm nicht zufrieden ist und ihn verurteilt. Urteile sind rasch gegeben. Sachlich fundierte Urteile erfordern vom Lehrer detailliertes Beobachten und Analysieren.

4.3.4. Fehler in der Gesprächsführung und beim Quittieren

1. *Dirigieren,* d. h. dem Schüler gegenüber zu rasch Vorschläge, Mahnungen oder Befehle aussprechen, fertige Lösungen vorlegen, zu Überredung und Manipulation greifen.

2. *Debattieren,* d. h. Streitgespräche führen, rechthaberisch den eigenen Standpunkt vertreten, Sätze mit «Ja, aber . . .» beginnen.

3. *Etikettieren,* d. h. dem Schüler schnell und verallgemeinernd in ein Schema pressen, so daß er seine individuelle Freiheit verliert.

4. *Interpretieren,* d. h. hier: eigenwillig und subjektiv auslegen, Dinge hineintragen, die nicht wirklich angesprochen sind (z. B. «Du *bist* unkonzentriert.» «Du *bist* faul.»).

5. *Generalisieren,* d. h. ein allgemeines Schema anwenden und so die Allgemeinheit gegen den Schüler ausspielen. Zu unzulässigen Verallgemeinerungen greifen, z. B. «*Man* darf doch nicht . . .» «*Normalerweise* wird das . . .» «Alle, welche . . .»

6. *Bagatellisieren,* d. h. ein Problem oder ein Gefühl des Schülers herunterspielen und als geringfügig ansprechen.

7. *Monologisieren,* d. h. viel und langatmig reden und dabei den Schüler aus den Augen verlieren.

8. *Sich fixieren,* d. h. sich selber auf bestimmte Rollen festlegen oder sich vom Schüler eine feste Rolle zuschieben lassen. («Du kennst ja meine Art.» «Du weißt doch, daß ich das nicht vertrage.»)

9. *Abstrahieren,* d. h. abstrakt und allgemein reden, wissenschaftliche Fachsprache verwenden.

10. *Examinieren,* d. h. ausfragen, zuviel fragen, aushorchen, verhören.

11. *Nicht zuhören,* d. h. nicht verstehen. (Verstehen heißt nämlich, die Sache so sehen, wie der andere sie sieht.)

12. *Nicht nachfragen,* wenn man etwas nicht verstanden hat.

13. *Meinungen als Tatsachen* akzeptieren.

14. *Kritik* des Schülers *nicht ertragen.*

4.3.5. Check-Liste zu Verständlichkeit und Sprachbeherrschung des Lehrers:

Wie macht sich der Lehrer im Unterricht verständlich? Wie informiert und instruiert er?

Die nachfolgend notierten Urteile und Beschreibungen scheinen zunächst zu kontrastreich und überspitzt. Extreme geben aber – wie bereits erwähnt – die Möglichkeit, sich auf ein «gesundes» Mittelmaß einzupendeln.

Wie steht es mit der Wortwahl des Lehrers in bezug auf den Schüler?

einfach  *kompliziert*

einfache, verständliche Ausdrucksweise, konkrete, geläufige Wörter; altersgemäße, dem Schüler entsprechende Wortwahl (evtl. zu einfach, naiv . . .?)	komplizierte, schwerverständliche, abstrakte Ausdrücke; wenig geläufige, unanschauliche Wortwahl; nicht altersgemäße, dem Schüler nicht entsprechende Wörter . . .

Wie übersichtlich, geordnet und gegliedert sind die Aussagen und die Erklärungen des Lehrers?

strukturiert  *unstrukturiert*

geordnet, überschaubar; der Schüler weiß immer, «wohin die Reise gehen» soll; der Lehrer verliert den Faden nicht; begründet seine Maßnahmen einsichtig (oder der Schüler weiß sofort, warum etwas nur so oder anders ist) . . .	ungeordnet, alles geht durcheinander, unübersichtlich; der Schüler weiß nicht, *wo was* hingehört; es fehlt die Begründung der Maßnahmen

Wie weit kann sich der Lehrer auf das Wesentliche beschränken?

kurz, prägnant  *weitschweifig*

auf das Wesentliche beschränkt, kurz, knapp; in wenigen Worten Wesentliches formuliert (evtl. zu viel Kürze auf Kosten der Verständlichkeit . . .?)	langatmig, viele Worte um nichts, «vom Hundertsten ins Tausendste»; Unwesentliches ist nicht vom Wesentlichen zu unterscheiden . . .

Wie versucht der Lehrer Maßnahmen zu treffen, die der Anregung und Veranschaulichung dienen?
(Medieneinsatz, schriftliche Veranschaulichung, Vorspiel, Tonband usw.)

stimulierend  *trocken, nüchtern*

interessante Aufbereitung des Stoffes; Beispiele, Vergleichsmöglichkeiten; bereichernde Geschichte, Querverbindungen; guter Medieneinsatz (evtl. zu viel Stimulanz, verwirrende Beispiele, ablenkende Medien, zuviele Assoziationen, Querverbindungen und Einfälle) . . .

nüchtern, betont sachlich; Verzicht auf motivierende Zutaten, kein Medieneinsatz, kein Vorspiel, keine Vergleiche; auch bei kleinen Schülern keine belebenden Geschichten und Identifikationsmöglichkeiten

Festigung, Vertiefung und Sicherung des Gelernten

Wie stellt der Lehrer das erstmals Gelernte in der Stunde sicher?

wiederholt  *wiederholt nicht*

oder läßt den Schüler wiederholen

Wie überträgt der Lehrer das Gelernte noch in der Unterrichtsstunde auf neue Situationen?

gibt keine Gelegenheit  *gibt Gelegenheit*

Warum nicht?   Auf welche Weise?

4.3.6. Check-Liste zum Schlagwort «Motivation»

Wie gelingt es dem Lehrer, durch geschickte Anregungen (Fragen, Anleitungen, Aufgabenstellungen) den Schüler zum Tätig-Sein anzuregen?

In welchem Maße treffen zu:
- Offene Fragestellungen, die angemessenen Spielraum ermöglichen und zu Eigenaktivität führen.
- Begründete Fragen und Feststellungen, die den Schüler auf das Ziel hinlenken und Einsichten wecken.
- Nicht die Meinung und nicht das Werturteil, sondern die Sache steht im Zentrum.
- Der Schüler nimmt selber Stellung und kann sachliche Hinweise geben.

- Der Lehrer spricht weniger als der Schüler und sorgt dafür, daß der Schüler primär zum Spielen kommt.
- Der Lehrer spricht in der Ich-Form und nicht in der Man-Form (z. B. «Ich würde das so und so lösen», nicht: «Man löst das so und so.»).
- Der Lehrer hört dem Schüler zu, ohne sich gleich zu rechtfertigen, wenn letzterer dem Lehrer eine Rückmeldung gibt.
- Der Lehrer sagt, entscheidet, beurteilt und zeigt nur dasjenige, das der Schüler nicht selber sagen, entscheiden, beurteilen oder tun kann.
- Es werden nicht primär Schuldfragen geklärt, sondern Lösungen gesucht (um es in Zukunft besser zu machen).
- Dem Schüler ist die Möglichkeit gegeben, eigene Ideen, Vorschläge und Stücke zu bringen; der Lehrer sorgt dann dafür, daß der Schüler eine Entscheidung (Wahl usw.) trifft und dieser treu bleibt.

4.4. Der Lehrer als Berater von Schüler und Eltern

Der Musiklehrer muß aus ganz verschiedenen Gründen immer wieder die Rolle des Beraters übernehmen. Einige Beispiele: Ein Schüler hat konkrete Schwierigkeiten mit dem Instrument oder einem zu lernenden Werk; die Fortsetzung des Unterrichtes wird in Frage gestellt; der Kauf eines neuen Instrumentes wäre notwendig; ein Schüler kommt mit sich selbst nicht ganz zurecht. Für alle diese und viele ähnliche Fälle gelten bestimmte, nachfolgend dargestellte Beratungsgrundsätze und -methoden. Beraten heißt: Hilfe zur Selbsthilfe geben (es heißt *nicht:* befehlen, belehren, beurteilen).

Der Berater verpflichtet den Ratsuchenden zu folgenden Tätigkeiten, bei denen er ihn mit viel Geduld, Konsequenz und Liebe unterstützt:

1. seine Ausgangslage, sein Problem zu schildern,
2. seine Zielvorstellung und Erwartung genau zu erklären,
3. für ihn gangbare Lösungswege und -varianten zu suchen und deren Vor- und Nachteile zu überprüfen,
4. Entscheide zu treffen, welcher Lösungsweg in Frage kommt,
5. seinem (unter 4.) getroffenen Entschluß treu zu bleiben.

Der Berater hört dabei verstehend, mitfühlend und sehr aufmerksam zu, faßt Aussagen des Ratsuchenden zusammen, erinnert ihn an frühere Aussagen, hilft ihm vorsichtig, beim Thema zu bleiben und äußert viel Verständnis für die momentane Gefühlslage des Ratsuchenden.

Spiegeln oder sogenanntes Paraphrasieren ist eine zentrale Methode des Beraters. Er sagt mit eigenen Worten, was er den Mitteilungen des Ratsuchenden entnommen hat und wie diese Information auf ihn (den Berater) wirkt. Daran kann sich der Ratsuchende orientieren und kontrollieren, ob er in der Lage ist, sich klar auszudrücken.

Der Berater hilft dem Ratsuchenden, sich selber zunehmend besser helfen zu können. Gut beraten heißt, sich als Berater überflüssig zu machen. (Aussagen des Ratsuchenden: «Der Berater hat mir ja gar nicht geholfen, ich habe ja den Weg selbst gefunden», sollen eher als Kompliment, nicht als Kritik aufgefaßt werden.) Gut beraten heißt, den Ratsuchenden anzuleiten, selbständig zu lernen, wo er notwendige Informationen suchen muß (z. B. mit folgenden Fragen oder Aufträgen: «Wo findest Du diese Informationen? / Such doch einmal dort und dort! / Probier doch . . . / Vergleiche einmal . . . / Beim letztenmal bist Du doch so und so vorgegangen . . ., versuch das doch noch einmal!») Erst wenn der Ratsuchende alle seine eigenen Möglichkeiten ausgeschöpft, eine klare Vorstellung von dem, was er erreichen will, entwickelt und mehrere Lösungsvarianten überlegt und erprobt hat, sind ganz konkrete Angaben seitens des Beraters am Platz; Angaben in Form von Vorschlägen und sachlichen Informationen sowie Bereitstellen von Orientierungsunterlagen (Bücher, Schriften, verschiedene Werke,. Theoriehefte usw.). Die entsprechende Wahl, die Entscheidung, trifft der Ratsuchende immer selbst. Der Berater hilft dem Ratsuchenden lediglich, seiner getroffenen Entscheidung treu zu bleiben. Unter Umständen muß er ihn sogar sehr energisch an diese Entscheidung erinnern und konsequentes Vorgehen und kontinuierliche Weiterarbeit verlangen.

4.5. Methoden zur «Behandlung» von Lernstörungen

4.5.1. Grundsätzliches zu Lernstörungen
(z. B. Unkonzentriertheit)

«Ich kann nicht lernen!» «Der Schüler will nicht lernen!» «Meine Klavierschülerin vermag sich nicht zu konzentrieren!» «Ich bin aufgeregt, ich werde schlecht spielen!» Aussagen, die wir alle kennen. Hier machen sich Störungen deutlich bemerkbar, sie setzen sich durch und lassen sich nicht oder nicht mehr unterdrücken.

Vielfach versucht der Lehrer einfach, durch Ermahnungen, durch interessanter gestaltete Unterrichtsstunden oder durch Abbruch der Stunde die Störung zu überbrücken oder zu überdecken. Tatsächlich kann in vielen Fällen die Natur helfen; eine Nacht Schlaf – und die Störung ist behoben.

Was aber, wenn die Störung hartnäckig und penetrant immer wieder auftritt? Im folgenden einige Grundsätze und Hinweise:

– Störungen sind als Signale zu verstehen, Signale, die von einem ungelösten Konflikt herrühren und uns mahnen, etwas zu unternehmen.
– Störungen sollten daher nicht primär als peinlich, sondern als Chance, etwas zu lernen, erlebt werden. Der Schüler soll mit Hilfe des Lehrers lernen, Lernstörungen als Signale zum Überdenken und als Lernchancen wahrzunehmen und anzugehen.
– Störungen sind vorrangig zu behandeln. Man muß
1. *Realisieren:* Warum stört mich etwas? Warum «will» ich mich ablenken lassen? Was signalisiert mir die Störung?
2. *Entscheiden:* Was will ich wie und wann lösen? Was will ich lieber erreichen? Was geschieht, wenn ich mich stören lasse? Kann ich die Störung einbauen? Wie kann ich mit der Störung leben?

Der Lehrer hilft sowohl beim Erkennen und Realisieren der Problematik als auch bei der Entscheidung. Es ist vor allem seine Aufgabe, dem Schüler zu helfen, seinem getroffenen Entscheid treu zu bleiben. Ratschläge oder fertige Lösungsangebote seitens des Lehrers sind fehl am Platz. Der Schüler muß seinen Entscheid selber erkämpfen und formulieren. Auf keinen Fall sollte die Störung nur erkannt und allenfalls bedauert werden. Vielmehr sollte so rasch wie möglich der Entscheidungsprozeß in Gang gesetzt werden.

Ein *Beispiel:* Ein Kind übt wegen täglichen Fußballspielens nicht mehr. Man versuche, die möglichen Lösungsvarianten, die sich voraussichtlich ergeben können, mit dem Schüler zu erarbeiten (eventuell ziemlich energisch!). Ein mögliches Gespräch:

Lehrer: Welche Lösungen kommen in Frage? Bitte suche sie und nenne mir die Folgen! Ich gebe Dir jeweils an, wie ich mich bei den einzelnen Varianten zu verhalten gedenke. Ich finde es gut, daß wir

nun darüber reden und eine Lösung suchen. Zur Zeit ist es Dir und mir ja nicht mehr ganz wohl.
Schüler: Meine erste Lösung heißt: Ich übe nicht. Dadurch erzürne ich die Eltern. Statt der Hausmusik widme ich mich in Zukunft dem Fußball.
Lehrer: Da mache ich nicht mit.
Schüler: Meine zweite Lösung heißt: Ich übe dreimal in der Woche und gehe nur zweimal Fußball spielen. Das geht aber nicht, weil mich dann die Kollegen nicht in der Mannschaft wollen.
Lehrer: Hier würde ich aber mitmachen.
Schüler: Meine dritte Lösung heißt: Fußball gebe ich nicht auf, aber wenn ich doch müßte . . .
Lehrer: Von mir aus mußt Du nicht.
Schüler: Ja, aber wegen der Eltern sollte ich doch vielleicht . . . wahrscheinlich auf Fußball verzichten.
Lehrer: Du kannst ja mit ihnen einmal reden.
Schüler: Lieber nicht . . .
Lehrer: Aber *Du* mußt ihnen mitteilen, daß Du ohne zu üben nicht weiter bei mir Stunden nehmen kannst. Ich kann höchstens dabei sein, wenn Du es deinen Eltern mitteilst . . .

Der Lehrer nimmt zu den einzelnen Varianten Stellung und formuliert seinerseits klar seine Bedingungen. Es beginnt ein Prozeß, der einige Zeit dauern kann; daher muß gemeinsam ein Termin festgelegt werden (z. B. die Zeitdauer von vier Wochen), an dem der Schüler seinen Entscheid zunächst dem Lehrer bekannt gibt. Die Eltern sind noch nicht einzuschalten. Während der «Gärzeit» der Problemlösung sollte man das Kind in Ruhe lassen und nur über das Problem reden, wenn es das Kind will (dabei gelten wiederum die Grundsätze des Beratens).

Oben genanntes Vorgehen ist grundsätzlich auch bei kurzfristigen Störungen einzusetzen. Zwei *Beispiele* für kurzfristige Störungen:

– Ein Kind erzählt während des Unterrichtes sehr ausführlich von der Schulreise. Es soll erzählen dürfen, muß aber die Konsequenzen kennen und einbeziehen (weniger Zeit zum Musizieren).
– Ein Schüler ist unkonzentriert, weil er Liebeskummer hat. Auch hier wird eine Entscheidung fällig: Lasse ich meinen Schüler in Liebeskummer «baden» oder wähle ich als Variante «intensives Musizieren».

Zwischenlösungen sind in solchen Fällen ungesund, da sie die Unkonzentriertheit verstärken.

Im folgenden wenden wir uns noch den heikelsten Lernstörungen zu:

4.5.2. Lernstörungen in Form von sogenannten Flüchtigkeitsfehlern

Flüchtigkeitsfehler sind im Grunde viel unangenehmer und gefährlicher als eigentliche (grundlegende) Fehler. Sie treten unerwartet, «einfach so», in besonders heiklen Momenten (z. B. Vorspiel, Konzert usw.) auf, oft an Stellen, die im Grunde problemlos «gegangen» sind. Flüchtigkeitsfehler gilt es besonders sorgfältig zu behandeln; sie sind ein Zeichen dafür, daß an dieser Stelle der Automatisierungsprozeß nicht absolut sauber vollzogen ist (siehe Kapitel Üben, 4.2.8. «Das Üben»). Aus diesem Grunde sollte man geradezu dankbar sein, wenn Flüchtigkeitsfehler im Unterricht, z. B. beim Spielen eines Werkes auftreten. Es empfiehlt sich sogar bei einzelnen Schülern, künstlich Aufregungen, Spannungen oder «Ins-Wasser-werfen-Situationen» zu erzeugen, damit deutlich wird, wo solche «Flüchtigkeitsfehler-Teufel» sitzen und die entsprechende Stelle von Grund auf nochmals geübt werden kann.

«Der Schüler kann sich nicht konzentrieren» – eine häufig gehörte Lehreraussage. Noch fragwürdiger wird es, wenn der Lehrer einem Schüler sogar sagt: «Konzentrier Dich! Hör endlich auf mit diesen ewigen Flüchtigkeitsfehlern!» Flüchtigkeitsfehler sind ungewollte Fehlleistungen und belasten den Schüler bereits genug. Es ist dringend echte Hilfe des Lehrers erwünscht.

Zusammenfassend bleibt zu sagen: Zwei grundsätzlich verschiedene Ursachen und damit Wege zeichnen sich – wie wir gesehen haben – bei Unkonzentriertheit und Flüchtigkeitsfehlern ab:

1. Die Unkonzentriertheit ist ein Signal einer Störung, die nicht mit der Musik direkt im Zusammenhang steht (z. B. Ärger, störende Gedanken, wichtigere Interessen, Beziehungsstörungen zum Lehrer, Liebeskummer, Unfähigkeit zu Hause zu üben, Trotz gegen die Eltern, welche den Musikunterricht veranlaßt haben usw.). Hier sind klärende Gespräche und Entscheidungsphasen notwendig. Man nehme sich Zeit und unterbreche den Musikunterricht dazu.

2. Häufig auftretende Flüchtigkeitsfehler sind Zeichen für unsauber automatisierte Bewegungsabläufe (die Stelle sitzt – wie man

zu sagen pflegt – einfach noch nicht). Hier muß der ganze Automatisierungsprozeß noch einmal von Grund auf vollzogen werden, was sowohl vom Lehrer als auch vom Schüler sofortige intensive und geduldige Übarbeit verlangt.

4.6. Methodische Hinweise für den Unterricht mit kleineren und größeren Schülergruppen

Für den Gruppenunterricht gelten grundsätzlich die gleichen methodischen Prinzipien wie für den Einzelunterricht. Gegenüber dem Einzelunterricht besteht beim Unterricht mit Gruppen oder Klassen viel weniger die Möglichkeit, auf den einzelnen Schüler einzugehen und den unterschiedlichen Lernleistungen adäquat zu begegnen. Darüber hinaus wird der Umgang mit dem Leistungs- und Wettbewerbsdruck zwischen den Schülern den Lehrer vor eine zentrale Aufgabe stellen. Die folgende kleine Check-Liste soll helfen, den Gegebenheiten des Klassenunterrichtes zu entsprechen.

– Auf eine Lehrerfrage sollten möglichst mehrere Schülerantworten (als Faustregel 2–3) angehört werden, bevor sich der Lehrer dazu äußert oder den Stoff weiterentwickelt.
– Nach einer Auftragserteilung sollen 1–2 Schüler den Auftrag wiederholen, Hinweise zu schwierigen Schlüsselpunkten geben, beschreiben, wie sie den Auftrag empfinden und wie sie ihn umsetzen wollen.
– Regelmäßige Kontrollen sollten während der Stunde durchgeführt werden.

Einige Methoden:
– Mehrere Schüler fassen zusammen, was sie gerade gelernt haben.
– Die Schüler repetieren der Reihe nach (verbal oder praktisch), jeder einen kleinen Teil des neu Gelernten.
– Ein oder je zwei Schüler spielen und stellen eine eigene Lösung vor.
– Ein Schüler spielt vor, ein anderer faßt die wichtigsten Schlüsselpunkte zusammen.
– Die Exponiertheit vor den Schülerkollegen führt hier und da zu Streß. Es ist daher notwendig, mit den Schülern offen darüber zu reden. Falsches Mitleid ist fehl am Platz. Musik ist für ein

Publikum gedacht, und darum muß «Exponiertheit» geübt werden.
- Der Automatisierungsprozeß ist auch im Klassenverband gemeinsam zu üben. Deutlich abfallende Leistungen einzelner Schüler sind im Auge zu behalten und einzuschätzen. In jeder Stunde ist daher eine kurze Individual-Unterrichtszeit vorgesehen, die ermöglicht, schwächeren Schülern Hilfe zu geben. Während dieses Einzelunterrichtes erhalten die übrigen Schüler eine Stillbeschäftigung (z. B. Ausfüllen eines Arbeitsblattes, tonloses Üben, Zeichnen, Noten bezeichnen, auswendig lernen usw.).
- Dem Einsatz von Medien muß bedeutend mehr Beachtung geschenkt werden, als dies im Einzelunterricht der Fall ist (Wandtafel, Hellraumprojektor, Molltonwand, Arbeitsblätter, Theoriebücher und -hefte, Tonband- und Videogeräte usw.).
- Die Grundsätze der Gesprächstechnik sind speziell zu beachten. Es drängt sich eine schriftliche Vorbereitung auf (siehe Kapitel 4.3.2. «Die Gesprächs- und Diskussionsleitung»).
- Definitionsfragen sind in offener Fragestellung der jeweiligen Altersstufe anzupassen (statt zu fragen: «Was ist eine Sequenz?», erteile man besser den Auftrag: «*Zeigt* mir in diesem Stück eine Sequenz!», oder «Spielt mir die Passage vor, die wir als Sequenz bezeichnen!», oder «Beschreibt mir das Augenfällige dieser Sequenz und formuliert, was Euch dieses Wissen ermöglicht!»).
- Wenn der Lehrer oder ein Schüler redet, sind die anderen Schüler ruhig und hören zu. Man gebe niemals Anordnungen in eine lärmende Klasse hinein (allenfalls sind einzelne Schüler beim Namen aufzurufen).
- Man vermeide Bloßstellungen und Konfliktgespräche vor der ganzen Klasse. Konflikte mit einzelnen Schülern sind grundsätzlich unter vier Augen zu besprechen.

Eigentlich sollte jeder Instrumentallehrer, der normalerweise seine Schüler im Einzelunterricht ausbildet, periodisch Stunden oder längere Zeiteinheiten anbieten, in denen sich alle seine Schüler treffen. Man spricht auch etwa von sogenannten «Klassenstunden». Solche gemeinsamen Veranstaltungen geben dem Lehrer Gelegenheit, grundlegende Themen und Anliegen / Arbeitstechniken / Planung von Vortragsübungen und Ensemble-Spielen / musikgeschichtliche Vorträge usw. mit allen Schülern anzugehen und Kameradschaft, Teamgeist sowie Kontaktnahme unter den

Schülern zu fördern und zu pflegen. Klassenstunden können auch als Demonstrationslektionen eingesetzt werden. Der Lehrer arbeitet mit einem Schüler und diskutiert diesen Unterricht anschließend. Sehr oft sind diese Stunden Motivation für einzelne Schüler, die eigene Arbeit neu anzugehen (siehe auch Kapitel 6.4. «Klassenstunden und Vortragsübungen»).

5. Medien im Unterricht

Als Medien im Unterricht bezeichnen wir Hilfsmittel, die der Veranschaulichung, Ergänzung, Verdeutlichung, dem Auslösen von Reaktionen, dem Speichern der Wiedergabe von Schülerleistungen, der Darstellung von Zusammenhängen usw. dienen. Medien sind Hilfsmittel, die ermöglichen, das Unterrichtsziel umfassender zu erreichen.

Die nachfolgende Sammlung möge dazu anregen, sich mit den vielfältigen Möglichkeiten des Medieneinsatzes zu beschäftigen und auch in diesem Bereich methodisch-didaktisch kreativ zu sein.

5.1. Das Notenmaterial

Die Wahl geeigneter Spielliteratur (Schulen, Etüdenhefte, Werke) ist recht schwierig. Im Kapitel 3.1., «Die Stoffauswahl», wurde bereits darauf hingewiesen. Die Literatur ist einerseits direkt Mittel zum Zweck (d. h. Stoff zum Erreichen des Ziels), andererseits aber auch das Medium, das hilft, Unterrichtsstoff zu entdecken, faßbar zu machen und in Spiel umzusetzen. Übersichtlichkeit, Druckqualität, Bildmaterial, Schemata, Tabellen usw. sind entscheidende Faktoren, die mithelfen, Musizier- und Arbeitsfreude zu stimulieren.

Interessanterweise wurde früher dem Einband (Umschlag, Bedruckung, Verzierung) viel mehr Aufmerksamkeit geschenkt, als dies heute der Fall ist. Man vergleiche einmal die Notentexte alter liturgischer Musik. Aus diesen Gründen bemühen sich auch heute viele erfahrene Lehrer, sogar erwachsenen Schülern zu einem Werk Bildmaterial und geschichtliches Anschauungsmaterial aller Art vorzulegen oder vom Schüler selber zusammentragen zu lassen.

5.2. Bildersammlungen

Dias, Poster, Bildbände, Photos usw. von alten und neuen Instrumenten, von Orchestern, Kammermusikgruppen / Darstellungen zu entsprechenden Zeitepochen (Sitten, Kultur, Baustil, Lebensstil usw.) / Bilder von Komponisten, Dirigenten, Künstlern, Musikförderern / Stimmungsbilder aller Art (z. B. eine Bildbetrachtung, die als Vorlage für eine Improvisation dient oder hilft, ein Werk besonders ausdrucksvoll zu interpretieren).

5.3. Büchersammlung

Bibliothek, durch die der Schüler die Möglichkeit hat, sich selbständig zu informieren und eventuell die Wartezeit vor der Stunde dazu verwenden kann, sich mit Aufführungspraktika, musikgeschichtlichen oder instrumentalkundlichen Fragen auseinanderzusetzen.

5.4. Tabellen

z. B. zur Musikgeschichte / zu Lebensläufen von Komponisten / Übersichtstabellen, wo Kunst, Geschichte, Kultur, Politik usw. nebeneinander übersichtlich dargestellt sind / Tabellen zur Entwicklung des Instruments / Tabellen zur übersichtlichen Darstellung der Tonarten (z. B. Quintenzirkel).

5.5. Arbeitsblätter

helfen einen neu erarbeiteten Stoff zu vertiefen, dienen der Kontrolle, machen die Konfrontation mit einem neuen Problem möglich und können somit eventuelle Fragen auslösen und das Interesse des Schülers wecken. Folgende Inhalte lassen sich mittels Arbeitsblättern gut vertiefen:

Alle Themen der Musiklehre, z. B. das Notenlesen und -schreiben, Rhythmen in anderer Form aufschreiben, Transpositionsübungen, Themen der Musikgeschichte, auswendig gelernte Stücke oder Check-Listen aus dem Gedächtnis notieren usw. Arbeitsblätter können enger oder freier gestaltet werden. Wir unterscheiden folgende mögliche Methoden bei der Konzeption von Arbeitsblättern:

- die *Lückenmethode;* Texte oder Notentexte weisen Lücken auf, die schriftlich ausgefüllt werden müssen
- die *Fragemethode;* gestellte Fragen sind schriftlich zu beantworten
- die *Auftragsmethode;* kleine oder größere Aufträge werden bearbeitet
- die *Multiple-Choice-Methode;* auf den Arbeitsblättern stehen Fragen mit 4 bis 6 bereits ausformulierten Antworten. Alle richtigen Antworten müssen angekreuzt oder unterstrichen werden
- die *Unterscheidungsmethode;* zwei beinahe ähnliche Problemlö-

sungen (z. B. ähnliche Melodien oder Rhythmen) werden vorgegeben und sind auf die Unterschiede hin zu prüfen und zu bezeichnen.

5.6. Grifftabellen

sind eine visuelle Verbindungshilfe zwischen der Notenschrift und der «Bedienung des Instruments, z. B. für den Kontrabaß.

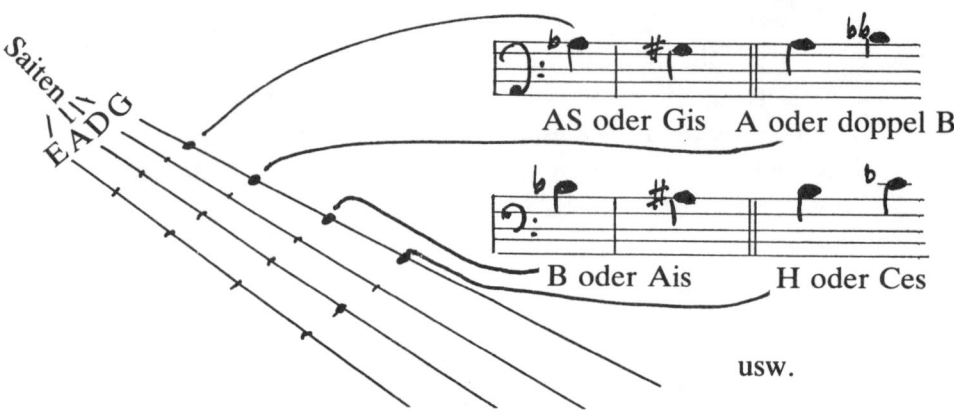

Blätter, auf denen nur die Grifftabelle und daneben Notenlinien gezeichnet sind mit der Aufgabenstellung, die Verbindung zwischen Grifftabelle und Notenlinien einzuzeichnen sowie die entsprechenden Noten und ihre sprachliche Bezeichnung zu schreiben, helfen abstrakte Vorgänge zu verdeutlichen. Diese Aufgabe muß längere Zeit kontinuierlich ausgeführt und vom Lehrer kontrolliert werden.

5.7. Begleitinstrumente

(z. B. Orff-Instrumentarium) sind als Hilfsmittel *für den Schüler* einzusetzen:

- bei Schwierigkeiten im Ablauf
- als Begleitinstrument (z. B. wenn der Lehrer vorspielt zur Verstärkung des *Mit*empfindens)

als Hilfsmittel *für den Lehrer:*

- als Unterstützung des Schülers bei rhythmischen oder metrischen Problemen
- als aktivierende Begleitmusik zum Spiel des Schülers.

5.8. Einfache Turngeräte

- der *Balance-Teller:* auf einem Balance-Teller stehend das Gleichgewicht suchen; in dieser «labilen Lage» einfache Melodien spielen (der Ausgleich wird automatisch im Becken und Schulterbereich stattfinden);

- das *Gewichts-Säcklein:* (z. B. mit Kastanien, Kirschensteinen oder Kieselsteinen gefülltes größeres oder kleineres Säcklein), das auf den Kopf, die Schultern oder Arme gelegt wird, hilft Verkrampfungen bewußter zu erfühlen und auszugleichen;

- die *Instrumentatrappe:* (z. B. eine Aluminiumröhre oder ein Holzstab als Ersatz für eine Querflöte, Klarinette, Oboe, oder eine «Voll-Holz»-Geige/Gitarre, oder ein Holzstecken als Bogenersatz usw.) hilft gezielte Haltungs- und Lockerungsübungen durchzuführen (auf dem Balanceteller ist eine Instrumentatrappe zur Übung für Anfänger ungefährlicher).

5.9. Das Tonbandgerät

Beispiele für den Einsatz *in der Stunde:*

- für jeden Schüler eine eigene Bandkassette führen, auf der ganz bestimmte Übungen oder Ausschnitte von Werkinterpretationen zum späteren Vergleich aufgezeichnet sind;
- die Aufzeichnung in der Stunde abhören und analysieren (die Analyse durch den Schüler ist meist sehr aufschlußreich für den Lehrer);
- bei Interpretationsfragen und zur Förderung der Selbstwahrnehmungsmöglichkeit den ganzen Prozeß der Erarbeitung aufnehmen (singen, reden, spielen usw.), um Unterschiede zwischen Vorstellung und Umsetzung aufzuzeigen (besonders wichtig für Sänger und als «Überführungsmittel» für Schüler, die der Wahrnehmung des Lehrers keinen Glauben schenken).

Beispiele für den Einsatz beim Üben *zu Hause:*

- sich *während* einer ganzen Woche 2–3 Minuten pro Tag bei einer bestimmten Übsequenz aufnehmen, die Aufnahme in der nächsten Stunde gemeinsam besprechen (auf diese Weise werden

u. a. Fortschritte oder eventuelle «Rückschritte» sowie Fehler im Übprozeß deutlich);
- eine gute Aufnahme der Schülerleistung aus der Stunde wird als Gedächtnisstütze für exemplarisches Üben mit nach Hause genommen.

5.10. Das Videogerät

(heute bald in jeder Familie zu finden) ermöglicht neben der Klangaufnahme die Kontrolle der Körperhaltung, der «Bedienung» des Instruments sowie des ganzen Erscheinungsbildes während des Spielens. Es sollte darum so oft wie möglich im Sinne einer umfassenden Kontrolle oder Verstärkung zum Einsatz kommen.

5.11. Das Aufgabenheft

«ist der verlängerte Arm des Lehrers». Diese oft gehörte Aussage umschreibt den eigentlichen Zweck der genannten Einrichtung treffend. Mögliche Inhalte:

- Check-Listen (Erinnerungslisten) für Haltungen, Atmung, Übungsvorgänge, Einspielen, Auswendiglernen, Improvisieren usw.
- der wöchentliche Übungsplan
  Was ist zu tun?
  Wie ist es zu tun? (Aufbauschritte)
  Warum ist es so zu tun?
  Wieviel ist zu tun?
- die Übersicht über Repertoirestücke
  Wann wurde das Stück abgeschlossen – Wann wird es daher zur Überarbeitung in der Stunde wieder gespielt?
- besuchte Konzerte
- Darstellungen von Epochen
- Platz für eigene Bemerkungen, z. B.
  «Was will ich den Lehrer in der nächsten Stunde fragen?»
  «Welches Stück möchte ich spielen?»
  Bilder, eigene Zeichnungen, eigene Gedanken usw.

5.12. Medien für den Gruppenunterricht

Viele Musiklehrer kommen immer wieder in die Lage, Vorträge oder Klassenstunden zu erteilen. Davon geben wir im folgenden einige Hinweise über den gleichzeitigen Einsatz der Wandtafel, von Plakaten und des Hellraumprojektors.

An die *Wandtafel* schreibt man:

Texte, die während der ganzen Unterrichtsstunde verwendet werden (Programmpunkte, Teilziele, Zeitplan, Raumeinteilung für Gruppenarbeiten usw.).

Informationen, die später noch abgeschrieben werden (Literaturangaben, Adressen usw.) oder auf die man allenfalls zurückgreifen will.

Stichworte und Bilder, die am Schluß der Stunde einen Gesamteindruck vermitteln und als Zusammenfassung verwendet werden können.

Auf *Plakate* schreibt man:

Vor der Stunde vorbereitete umfangreichere Texte, Schemata oder Zeichnungen, die während der ganzen Stunde immer wieder verwendet werden.

In den Gruppenarbeiten notieren die Teilnehmer ihre Resultate selber direkt auf ein Plakat (sonst Einsatz wie Wandtafel).

Auf den *Hellraumprojektor* notiert man oder legt auf:

Text, der im Moment wichtig ist.

Spontane Notizen, Bemerkungen von Teilnehmern usw., die kurzfristig im Auge behalten werden müssen.

Vorbereitetes Text-, Bild- und Demonstrationsmaterial (für letzteres gibt es eine ganze Industrie!), das im Moment klärend und hilfreich ist.

Stichworte zum Vortragstext.

Vor dem Einsatz der Medien kläre man:
- Trifft der Medieneinsatz den Schwerpunkt des Unterrichts?
- Welche Nebeneffekte (zuviel Stimulanz, andere Erinnerungen usw.) sind möglich?
- Brauche ich während des Unterrichts allenfalls eine Person als Schreiber für Wandtafel, Plakat oder Hellraumprojektor?
- Zeige ich wirklich nur Informationen, die im Moment wichtig und von den Teilnehmern erfaßbar sind?
- Lassen sich komplizierte Schilderungen nicht durch den Medieneinsatz vereinfachen (z. B. Situationsschilderungen durch eine räumlich klärende Skizze ergänzen, relevante Faktoren für die Situation auflisten).

6. Kontrollmethoden
(oder Erfahrungsmöglichkeiten für Schüler und Lehrer)

Ziel der Kontrolle im Unterricht ist es, klare Ausgangssituationen für die Weiterarbeit zu schaffen. Die Kontrolle soll daher so gestaltet werden, daß sie nicht als peinlich, sondern als Lernchance empfunden wird.

6.1. Die Kontrollformen und -arten

Wir unterscheiden folgende Kontrollformen:

Die *Fremd-Kontrolle:* Der Lehrer kontrolliert den Schüler.

Die *Selbst-Kontrolle:* Der Schüler kontrolliert sich selbst. Die Selbstkontrolle des Schülers hat zum Ziel, seine Selbständigkeit zu fördern und somit auch ohne Lehrer arbeiten zu können.

Wir unterscheiden drei *Kontrollarten:*

Stichproben: unregelmäßig, unerwartet durchgeführte Kontrollen.

Periodische Kontrollen: zur selben Zeit am gleichen Problem ausgeführte Kontrollen. Beispiel: Kontrolle des Ansatzes beim Einspielen.

Ausnahme-Kontrollen: nur bei auftretenden Schwierigkeiten durchgeführte Kontrollen (z. B. ständige Präsenz des Lehrers bei der Einführung einer neuen Technik).

Die oben genannten Kontrollformen sind je nach Gegebenheit bewußt auszuwählen. Es ist also nicht unbedingt notwendig, daß der Schüler in der Stunde alles vorspielt, was er geübt hat. Der Lehrer hat vielmehr die Möglichkeit, den Unterricht hinsichtlich Kontrollen individuell zu gestalten. Kontrollwünsche des Schülers sind ernst zu nehmen.

Es lohnt sich, mit dem Schüler über die erwähnten Kontrollformen zu sprechen. Er soll lernen, «Kontrolle» als Hilfe anzusehen, um so in gemeinsamer Arbeit mit dem Lehrer für ihn spezifische Schwierigkeiten zu erkennen. Die Frage: «Was bringst Du mir heute? Was möchtest Du mir vorspielen?» ermöglicht es dem Schüler, verantwortlich zu entscheiden: was er als vorspielreif betrachtet oder an welcher einzelnen Stelle er spezifische Hilfe des Lehrers erwartet.

6.2. Die Bedeutung von Zusammenfassung

Nach einem Arbeitsproze ist es empfehlenswert, den Schüler das eben Gelernte in einer geeigneten Form zusammenfassen zu lassen. Zusammenfassungen haben zum Ziel:

1. die Kontrolle für Lehrer und Schüler
2. die Vertiefung des Gelernten

Bei einer Zusammenfassung zeigt der Schüler sich und seinem Lehrer, was er gerade gelernt hat und in eigenen Worten wiedergeben kann. Er muß die ganze Lerneinheit überblicken, die Lernschritte in der richtigen Reihenfolge ordnen, die dazu entsprechenden Begründungen geben und somit die entscheidenden Schwerpunkte setzen. Die Wirkung der Zusammenfassung wird erhöht, wenn zur sprachlichen Formulierung die Praxis miteinbezogen wird (formulieren *und* vormachen z. B. an einer ähnliche aufgebauten Stelle eines Stückes). Wir unterscheiden folgende Methoden von Zusammenfassungen:

– die sprachliche (der Schüler umschreibt das eben Gelernte);
– die schriftliche (der *Schüler* schreibt sich das eben Gelernte in sein Aufgabenheft);
– die praktische (in Form eines Transfers: der Schüler erarbeitet an einer ähnlichen Stelle Schritt für Schritt das erlernte Vorgehen und begründet es);
– Zusammenfassung in Form des Rollentausches (der Schüler – jetzt in der Rolle des Lehrers – sagt seinem Lehrer, was er Schritt für Schritt zu tun hat);
– voraussehende Zusammenfassung (der Schüler nennt die voraussichtlich zu erwartenden Schwierigkeiten, mit denen er beim Üben zu Hause zu rechnen hat, und nennt Übmethoden).

Viele Lehrer scheuen sich vor Zusammenfassungen, sei es auf Grund einer falsch verstandenen Rücksichtnahme oder auch aus «Angst vor der sogenannten Stunde der Wahrheit», da die Zusammenfassung durch den Schüler (*nicht* durch den Lehrer) deutlich macht, wie verständlich und transparent der Unterrichtsablauf war.

Es ist wichtig, dem Schüler die zwei Zielsetzungen einer Zusammenfassung immer wieder bewußt zu machen und eine möglichst große Vielfalt von Zusammenfassungsmethoden zu pflegen, damit er einsieht, daß dadurch seine Selbständigkeit erhöht wird.

6.3. Die Bedeutung von Check-Listen

(Selbstkontrollhilfen)

Eine «Check-Liste» enthält in Stichworten (evtl. ergänzt mit verdeutlichenden Skizzen) Übungen, Aufbauschritte, Kontrollpunkte zu einzelnen Bereichen des Unterrichtes. Sie ist *Erinnerungsstütze* und ermöglicht *kontinuierliche Kontrolle,* die der fehlerfreien Ausführung eines Vorganges dient. Wir unterscheiden:

- für alle Schüler gültige Check-Listen (Lösungsmöglichkeiten für häufig auftretende Lernschwierigkeiten oder Problempunkte bei allen Schülern);
- für einzelne Schüler angefertigte Check-Listen (individuell ausgerichtete Lösungsmöglichkeiten, bei deren Entwicklung die Mitarbeit des Schülers unerläßlich ist).

Check-Listen eignen sich vor allem:

1. für Abläufe, Aufbauschritte, Haltungen, die immer *gleich sein,* also weitgehend *automatisiert* werden sollten, zugleich aber *fehleranfällig* sind, oft mit ähnlichen Abläufen *verwechselt* werden, häufig als «Kleinigkeit» oder «Nebensächlichkeit» «*vergessen*» oder «*übersehen*» werden und immer wieder gründlich *geübt* werden müssen;
2. für die Analyse einer komplexen Frage bzw. Aufgabe, die systematisches Vorgehen erfordert und eine Vielfalt von sich ergänzenden Einzelfragen umfaßt, damit der Schüler zum Schluß ein Gesamtbild erhält;
3. als Ideensammlung (im Sinne einer Auswahl) für abwechslungsreiches Üben.

In Form einer Kartei beispielsweise entsteht mit der Zeit eine Sammlung:

- sämtlicher erarbeiteter Übmethoden und -varianten, die einzeln oder in konsequenter Folge abrufbar sind;
- Ideen zur momentanen Bewältigung von Problemen;
- Übungen, die zu einem gewünschten Endzielverhalten führen (z. B. Interpretation).

Da jede Check-Liste dazu dient, den Lernprozeß optimal zu unterstützen, empfiehlt es sich, folgenden Aufbau zu beachten:

- Titel (z. B. in Form einer Frage);
- Hinweise auf das erwünschte Endverhalten;
- klar gegliederte Aufbauschritte (Schlüssel- und Kontrollpunkte unterstreichen);
- Begründungen zu den einzelnen Stichworten;
- Hinweise auf grundsätzliche Einstellungen (z. B. «Sei mit Dir geduldig und reduziere das Lerntempo, wenn Du Dich unsicher fühlst!»);
- erläuternde Skizzen oder Schemata (die oft leichter als Umschreibungen erfaßt werden können).

Die Check-Liste wird von Lehrer und Schüler ausgeweitet, wenn einzelne Lernschritte nicht gelingen. Es ist unser Wunsch, daß die methodisch-didaktischen Check-Listen, die in diesem Buch aufgeführt sind, als Anregung zur Weiterentwicklung verstanden und genutzt werden.

6.4. Klassenstunden und Vortragsübungen

Jeder Musiker kennt aus seiner Studienzeit Vorspielstunden oder Vortragsübungen. Klassenstunden hingegen werden bedauerlicherweise meist nur während der Berufsausbildung am Konservatorium durchgeführt. Dieses Kapitel soll im folgenden einige Hinweise zu den genannten Arbeitsformen (Kontrollmethoden) geben.

6.4.1. Die Klassenstunde

Klassenstunden unterstützen den Zusammenhalt der Schüler, fördern das gegenseitige Verständnis, wirken durch Vergleichsmöglichkeiten und im Sinne der Herausforderung motivierend und geben Einblick in das Vorgehen und die Arbeitsweise des eigenen Lehrers.

Mögliches Vorgehen: Ca. 1–2mal im Quartal lädt der Lehrer seine Schüler zu einer von ihm geführten Klassenstunde ein. Er muß sich darüber im klaren sein, ob es sinnvoll ist, alle Schüler verschiedenen Niveaus zusammenzuziehen, oder mehrere Klassenstunden mit unterschiedlichem Ausbildungsniveau durchzuführen.

Geeignete Themata:

- Vorspielen erarbeiteter Stücke, anschließend gemeinsames Besprechen;

- Zusammenspiel (z. B. Demonstration der Grundsätze des Zusammenspiels [Kammermusik] mit einer Gruppe, Vorspiel jeder neu formierten Gruppe vor der Klasse);
- Erarbeiten spezifischer Charakteristika einzelner Stilrichtungen;
- Musikhörstunden (Platten, Tonbänder und Konzerte);
- Anleitung zur Instrumentalpflege (wenn möglich einmal einen Instrumentenbauer beiziehen oder ihn gemeinsam besuchen);
- Spannungsausgleichs- und Lockerungsübungen kennen- und übenlernen;
- pädagogisch oder didaktisch ausgerichtete Themata, z. B.:
  - Übtechniken;
  - Umgang mit Lernstörungen;
  - Austausch von Erfahrung im Umgang mit Lernschwierigkeiten;
  - Methoden zum Prima-vista-(Blatt-)Spiel;
  - Methoden zum Auswendigspiel;
  - Besprechen von Regeln und Prinzipien des Lehrers, die alle Schüler betreffen;
  - Demonstrationsstunden (der Lehrer arbeitet mit einem Schüler; die beobachtete Unterrichtsstunde wird im Anschluß durchgesprochen).

6.4.2. Die Vorspielveranstaltung (Vortragsübung/Vorspielstunde)

Eine Vorspielveranstaltung sollte eine in sich abgerundete, abwechslungsreiche Programmeinheit bilden, möglichst nicht länger als 1½ Stunden dauern und ein Konzerterlebnis vermitteln. Ein Aneinanderreihen von Stücken ohne übergreifenden Zusammenhang ist zu vermeiden. Im Gegensatz zu Klassenstunden wird die Vorspielveranstaltung vor Publikum abgehalten. Das Spielen und Musizieren stehen im Vordergrund. Es wird Einblick in die Arbeit des Lehrers gegeben. Vorspielveranstaltungen haben folgende Zielsetzungen:

- Das Üben der Vorspielsituation (für den Lehrer ergeben sich in dieser Situation oft wichtige Hinweise auf den wirklichen Ausbildungsstand des Schülers; denn Musik ist für ein Publikum bestimmt);
- Leistungsnachweis von Schüler und Lehrer;
- Öffentlichkeitsarbeit (PR-Arbeit) der Lehrer oder auch der Musikschule;

– Motivation im erweiterten Sinn (. . . Musik für ein Publikum zu spielen, seinen Mut zu erproben, neue Schüler zu begeistern usw.).

Es ist wichtig, einen Schüler bei diesen Anlässen nicht zu überfordern, ihn nur Stücke spielen zu lassen, die effektiv seinem individuellen Leistungsstand entsprechen. Leistungsdruck durch programmierte Werkwahl (z. B. ein ganzer Abend «Schubert» ohne Rücksicht auf «Schülerverluste») sollte vermieden werden.

Die aktive Mitarbeit der Eltern, Geschwister, des lokalen Musikkorps, der Volksschule oder weiterer Kammermusikgruppen hilft, durch die genannten Vorspielveranstaltung Anknüpfungspunkte zu erschließen.

7. Die Präparation von Unterricht

(Vor- oder Nachbereitung?)

7.1. Grundsätzliches zum Stundenaufbau

Der Stundenaufbau richtet sich nach der Zielsetzung, dem Stundeninhalt und der Eigenart des Schülers. Es führen bekanntlich viele Wege nach Rom, und so zeigt sich am Stundenaufbau Fantasie und Einfühlungsvermögen des Lehrers. Er muß sich immer wieder nach den Bedürfnissen des Schülers richten, nach seinem Können und seiner Entwicklungsstufe. Ort, Zeit und das Umfeld sollten in den Aufbau miteinbezogen werden. Das impliziert, daß Präparationen möglichst flexibel gestaltet werden müssen, um das lebendige Widerspiel zwischen Lehrer und Schüler in der Stunde zu gewährleisten und damit Platz für Unvorhergesehenes zu ermöglichen. Eine zu detaillierte *Vor*bereitung aber läßt das nicht zu. Es ist möglich, Unterrichtspläne, Unterrichtsverlaufsformen oder Standardlektionen für verschiedene Stufen (Anfänger und Fortgeschrittene) vorzubereiten. Wesentlich und von größter Wichtigkeit ist aber die *Nach*bereitung einer Lektion. Das will heißen, daß jedes Überdenken einer Lektion Basis für den Aufbau und die Vorbereitung der kommenden Lektion sein sollte. Die nachträgliche Unterrichtsanalyse – möglichst zusammen mit dem Schüler – ist ausschlaggebend für die Gestaltung zukünftiger Stunden. Dennoch schwören auch erfahrene Lehrer auf «ihren Stundenaufbau», der grundsätzlich immer ähnlich ist. Warum? Obwohl wir diese Ansicht nur bedingt teilen, überzeugt ein wichtiger Aspekt: Der Schüler weiß in jeder Stunde, was auf ihn zukommen wird; der Stundenablauf ist für ihn klar. Durch diese Rhythmisierung des Unterrichtes müssen die einzelnen Unterrichtssequenzen nicht mehr erklärt werden. Das kann durchaus eine beruhigende Wirkung haben. Diese Ruhe kann aber ebensogut in Monotonie ausarten und dadurch eine gewisse Langeweile auslösen oder dogmatisch werden.

Nennen wir einige solcher Aufbaumodelle (zugleich wird dabei auch deren Fragwürdigkeit etwas deutlicher)

z. B.
1. Tonleiter
2. Fingerübung
3. Etüde
4. Stück
5. neues Stück

z. B.
1. Einspielen
2. Etüden
3. neue Technik
4. geübtes Stück
5. Blattspiel
   neues Stück
6. Repertoirestück

z. B.
1. Repertoirestück
2. Etüde
3. neue Technik
4. neues Stück
5. geübtes Stück
6. Zusammenspiel
   mit dem Lehrer
   (Blattlesen)

Diese Liste könnte beliebig verlängert werden. Unsere Vorstellungen gehen in Richtung individualisierten Stundenaufbaus. Für einzelne Schüler kann ein absolut regelmäßig wiederkehrender Stundenaufbau einige Zeit durchaus zweckmäßig sein. Für andere Schüler ist aber ein ständig wechselnder Aufbau günstiger. Falls nach einem fixen Stundenaufbaumodell vorgegangen wird, ist es wichtig, daß der Schüler durch diesen immer gleich gestalteten Stundenaufbau nicht dazu verleitet wird, auch beim Üben in gleicher Reihenfolge vorzugehen. (Ein Schüler, der daran gewöhnt ist, sich zuerst eine halbe Stunde einzuspielen, wird später Schwierigkeiten haben, «unvorbereitet» zu musizieren.)

Entscheidend für den jeweiligen Stundenaufbau muß also das reichhaltige methodische Wissen sein, das dem Lehrer jederzeit zur Verfügung steht und für ihn abrufbar ist.

7.2. Die Unterrichts-Nachbereitung

(Die Auswertung als Vorbereitung)

Ein Lehrer hat sich vorzubereiten. Das scheint eine klare Sache zu sein. Genau überprüft aber wird erst die Nachbereitung einer ersten Lektion zur Vorbereitung einer kommenden Lektion. Diese Tatsache soll nachdenklich machen, um damit das Vor(aus)denken zu erleichtern. Zu dieser wichtigen Erkenntnis ein mögliches Stundenauswerte-Schema (darin enthalten eine «Grobplanung» für nächstfolgende Lektionen):

1. Was wurde in dieser Stunde vom ... (Datum) wie erreicht?
   (Zwischenstand, vorläufig Abgeschlossenes, Hinweise auf markante Lernfortschritte usw.)
2. Welche Lücken, Schwierigkeiten, Lernwünsche sind erkannt worden?
3. Aufgaben für die nächste Stunde:

Was ist zu üben?	Wie ist es zu üben?	Warum ist es so zu üben?
		Worauf kommt es an?
.	.	.
.	.	.
.	.	.
.	.	.

4. Nächste Stunde vom ... (Datum): Hinweise auf geplante Arbeiten, Kontrollen, Projekte. (Gemeinsam mit dem Schüler werden hier die wichtigsten Schwerpunkte der folgenden Lektionen festgehalten.)

Dieses Schema eignet sich sehr gut zur Gestaltung von Aufgabenheften der Schüler. Schüler und Lehrer können aus diesen Notizen den Lernprozeß viel besser und transparenter verfolgen und belegen dadurch ihre gegenseitige Verantwortung für die gemeinsame Aufgabe.

Der Lehrer kann nun für sich Punkt 4 des obigen Schemas mit folgendem Raster weiter differenzieren:

1. *Voraussetzungen beim Schüler* auf Grund der vorhergehenden Lektion.
   Was bringt er mit? Was hat er geübt? Hinweise über den Ausbildungs- und Entwicklungsstand usw.
2. *Ziele/Erwartungen des Schülers*
   Was interessiert ihn ihm Moment? Was möchte er gern, was weniger gern lernen?
3. *Ziele des Lehrers*
   Was soll der Schüler *wie* und *unter welchen Bedingungen* im Unterricht «*tun*», spielen oder erreichen?
4. *Stoff, Inhalt, Technik, Stück*
   . . .
5. *Vorgesehene Lernkontrollen*
   . . .
6. *Vorbereiten* des Übens und voraussichtliche *Aufgaben*
   Was ist zu üben? Wie ist es zu üben? Warum ist es zu üben?

Der Vollständigkeit halber muß an dieser Stelle auf die Lektion mit einem neuen bzw. fremden Schüler hingewiesen werden. Die offene Haltung, die diese Situation verlangt, wird durch folgenden Überprüfungsraster (Check-Liste) unterstützt:

1. *Kontaktnahme* (Begrüßung)
2. *Darstellen der beidseitigen Situation*
(Beschreiben momentaner Gefühle und allfälliger gegenseitiger Erwartungen)
3. *Vorspiel des Schülers* (ohne Unterbrechung durch den Lehrer)
4. *Gemeinsame Bestandsaufnahme* (möglichst weitgehend durch den Schüler)
5. *Gemeinsamer Entscheid* (woran soll gearbeitet werden?)
6. *Realisierung*

7.3. Der Stundenablauf am Beispiel: «Der Schüler hat etwas geübt».

Wenn ein Schüler geübt hat, liegt es für den Lehrer auf der Hand, die vorbereitete Arbeit anzuhören und zu besprechen, um auf Gegebenes einzugehen. Diese Situation wird das Unterrichtsgeschehen immer wieder prägen. Aus diesem Grund bringen wir ein Beispiel, wie diese immer wieder auftretende Unterrichtssequenz nach dem erwähnten Unterrichtsanalyse-Schema (wahrnehmen, festlegen, exemplarisch trainieren) ablaufen könnte:

1. *Vorgespräch*
Der Schüler kann von aufgetretenen Schwierigkeiten beim Üben berichten, Fragen stellen und spezifische Wünsche dem Lehrer gegenüber äußern (z. B. den Wunsch, eine ganz bestimmte Stelle mit ihm zu üben oder weitere Aufbau- und Lernschritte zu zeigen usw.).
2. *Vorspielen* von dem, was zu Hause vorbereitet worden ist (ohne Unterbrechung durch den Lehrer).
Der Schüler erlebt sich in der Vorspielsituation, die allenfalls mit einer gewissen Aufregung oder Spannung verbunden ist und häufig auch «als Stunde der Wahrheit» erlebt wird. Der Lehrer hört nur zu, achtet darauf und notiert sich, welche Erfolge, Schwierigkeiten, Lernprobleme auftauchen.
Wenn der Schüler darin geübt ist, ganze Abläufe ohne Unterbrechung vorzuspielen, und falls klar abgesprochen wurde, daß er Geübtes von A−Z vorzuspielen hat, wird er – auch bei auftretenden Schwierigkeiten – weiterspielen oder da einsetzen, wo er sicher ist.
3. Der *Schüler äußert sich* zu seinem Spiel.

Der Schüler beurteilt nicht primär, sondern weist darauf hin, *was* ihm gelungen ist, *was* er für Fehler oder Schwierigkeiten festgestellt hat und äußert *Lernwünsche*. Der Lehrer vergleicht vorerst (ohne einzugreifen) mit seinen Feststellungen.
4. *Lehrer und Schüler* reden miteinander über das Spiel.

Der Lehrer versucht mit Hinweisen, den Schüler auch auf die Punkte aufmerksam zu machen, die noch nicht zur Sprache gekommen sind.

Die Besprechung sollte sich nach dem Schüler richten und aufgegliedert werden nach:
– Wahrnehmungsfragen
– Festlegungsfragen
– übungsmethodischen Fragen

Der Lehrer muß im Gespräch vom Schüler erfahren, wie weit der Schüler selbst in der Lage ist, die Stärken und Schwächen seines Vorspiels zu analysieren, wie weit er fähig ist, vorzumachen oder zu erklären, wie er zu Hause weiter zu arbeiten hat, und somit aufzuzeigen, wie weit er sich selber helfen kann (quasi sein eigener Lehrer geworden ist).

Entscheidungssituation
(Prinzip: Man gehe nach Dringlichkeiten vor, damit garantiert ist, daß der Schüler zu Hause selbständig weiterarbeiten kann. Sind zu viele Probleme vorhanden, bei denen die Mithilfe des Lehrers unabdingbar ist, ist das ein Zeichen dafür, daß das Stück nicht schülergerecht ausgewählt oder zuwenig vorbereitet wurde. Die daraus folgende Aufgabenstellung darf dann nur noch ein Teilstück des Ganzen sein, das der Schüler nach gegebenem Muster zu bewältigen vermag.)

Lehrer *und* Schüler legen fest

a) *Was wird in der Stunde im Maßstab 1:1 exemplarisch geübt.*

b) *Was wird nur durch den Lehrer vorgemacht oder durch Vergleichen verdeutlicht,* damit der Schüler richtig wahrnehmen kann.

(Ein Schüler sollte eigentlich erst etwas üben, wenn er es selber richtig wahrnehmen kann!)

c) *Wo gilt es, die Festlegungen zu ändern, wo neue vorzunehmen oder grundsätzlich zu überdenken*
– musikalische Festlegungen
– instrumentbezogene Fragen festlegen (Fingersätze, Atemzeichen, Hilfsgriffe usw.)

- weitere oder andere Aufbau- bzw. Lernschritte festlegen (Unter Umständen müssen gerade hier Anpassungen vorgenommen werden.)

d) *Was wird zu einem andern Zeitpunkt erarbeitet*

e) *Was kann der Schüler ohne weitere Hilfe des Lehrers für die nächste Stunde weiterüben*

5. *Zusammenfassung*

Der Schüler *(möglichst nicht der Lehrer)* wiederholt, wie er zu Hause weiterarbeiten kann. (Der Lehrer oder der Schüler notieren gleichzeitig die wichtigsten Punkte, z. B. ins Aufgabenheft.)

8. Hinweise zu spezifischen Unterrichtsanliegen

Die folgenden Kapitel sind als Öffnung von einzelnen Bereichen gedacht, mit denen sich der Musiklehrer immer wieder auseinanderzusetzen hat.

Sie enthalten grundsätzliche Überlegungen und geben einige wenige Hinweise auf Methoden der Erarbeitung.

8.1. Spielen, Geschehenlassen

Wir sind als Musiker Lehrer einer Kunstgattung, die in der Zeit abläuft und nach diesem Ablauf nicht mehr auf gleiche Weise wiederholbar ist. Diese Tatsache sollte Herausforderung und nicht nur Belastung sein. Sie verlangt sowohl vom Lehrer als auch vom Schüler besondere Übung. Die Disziplin und Geduld, die in diesem Procedere vom Lehrer verlangt wird, ist nichts anderes als fähig zu sein, schweigend zuzuhören, sich «Abweichungen» oder eventuelle Fehler zu merken (bei schlechtem Kurzzeitgedächtnis zu notieren) und seine Stellungnahme sachbezogen erst *nach* derjenigen des Schülers zum Ausdruck zu bringen. Hinweise auf hörbare Mängel während des Vorspiels sind also keineswegs der Beweis guter Lehrerfähigkeiten. Die Übung des Schülers in diesem Prozeß kann erst dann einsetzen, wenn ihm ermöglicht wird, sich ungestört und wissend mit dem unwiederholbaren Ablauf auseinanderzusetzen. Er wird dann, im Hinblick auf die erwartete Anforderung, z. B. durch zweimaliges, präsentes Spielen eines Stückes zu Hause konditioniert sein, ein Stück einmal in der Vorspielsituation bestmöglich zu reproduzieren und damit ruhig in diesen «Ablauf» hineinzuwachsen.

8.2. Einige Gedanken zum Thema Repertoirestücke

Zum Begriff Repertoire: Stoffsammlung, Vorrat einstudierter Stücke, Spielplan; von «repertorium» = Verzeichnis (eigentlich Fundstätte); «reperire» = wiederfinden, vorfinden.

Ein Stück im Repertoire zu haben bedeutet, es jederzeit abrufen und unter allen Bedingungen gesamtheitlich interpretieren zu können. Das gilt für jede Unterrichtsstufe, von Anfängerstücken oder Liedern bis zur Sonate oder zum Konzertstück. Da Interpretation leichter fällt, wenn die Persönlichkeit des Interpreten dahinterstehen kann, sollten Repertoirestücke möglichst oft sogenannte «Lieblingsstücke» eines Schülers sein, die er jederzeit gerne spielt.

Der Aufbau eines Repertoires (einer «Fundstätte» mit breiter Stilstreuung) ist Aufgabe des Lehrers, unter Berücksichtigung der besonderen Fähigkeiten eines Schülers. Für den Schüler ist es sogenannter «Notvorrat» und eine Quelle von Spielmöglichkeiten, die ihn vor peinlichen Situationen bewahrt (unerwartetes und damit unvorbereitetes Vorspiel).

Ein Repertoirestück muß sich setzen können. Fertig ausgeübt wird es abgelegt und nach ca. drei bis vier Monaten wieder aufgegriffen und neu überarbeitet. Um das Repertoire zu pflegen, empfiehlt es sich, den Schüler in bestimmten, gleichen Zeitabständen ein Repertoirestück in der Stunde vorspielen zu lassen. Ein kontinuierlich aufgebautes Repertoire ist meist der Stolz des Schülers – vergessen wir das nicht!

8.3. Gedanken zur Methodik des Übens

Wenn ein Schüler in einem Notentext nur die Summe schwieriger Stellen sieht, ist er eindeutig überfordert. Die Wahl eines Stückes, dem der Schüler technisch gewachsen ist und das seinem gestalterischen Können entspricht, ist Voraussetzung für sinnvolle Arbeit. Sogenannte «Wunschstücke» können durchaus einen großen Übanreiz bilden. Es bleibt der Feinfühligkeit des Lehrers überlassen, solche Wünsche sinnvoll in ein durchdachtes Arbeitsprogramm einzubauen.

Die Erarbeitung von Technik hängt von den Voraussetzungen ab, die der einzelne Schüler mitbringt. Aus diesem Grunde ist es nicht möglich, eine allgemeine Methodik zu diesem Bereich zu Hilfe zu ziehen. Die Wiederholung schwieriger Details sollte nicht «verbissen», sondern locker, unter Einbeziehung von Atem und bewußter Körperhaltung erfolgen. Phantasievoll erübte Stellen lassen später Vertrautes wieder begrüßen und machen Fixierungen (etwa durch Einkreisen von schwierigen Stellen) unnötig.

Es lohnt sich, vor dem Übprozeß abzuklären, ob es sich um Schwierigkeiten handelt, die durch Verstehen (Durchdenken, genaue Analyse) oder durch sorgfältiges «Mit-Hören» eliminiert werden können.

Die Variation des Übtempos verdient besondere Beachtung. Schnelle Abläufe langsam gespielt lassen genaues Erkennen wichtiger Teilabläufe zu. Andererseits dürfen beim langsamen Üben schneller Passagen keine Abläufe automatisiert werden, die dann im schnellen Tempo ungeeignet sind (zu viel große Bewegungen, Atem, Bogeneinteilungen). Schnelle Passagen sollen über das Tempo hinaus geübt werden, um sich gegen erhöhte Nervosität zu wappnen. Experimentelles Üben (Freude am Ausprobieren von Varianten) ist immer wieder Herausforderung zur Bewältigung und zur Vertiefung.

8.3.1. Check-Liste zur Methodik des Übens
(= grundsätzliche Aufbauschritte)

Beim Üben helfen die Analyse, die Variation, die Verfremdung und die Vertiefung.

8.3.1.1. Analyse (Übungen auf Grund von Analyse)

- Vereinfachen, Weglassen belastender Artikulationen
- Grundstruktur hörbar machen
- harmonische, melodische und agogische Abläufe erkennen

8.3.1.2. Variation

- Rhythmisierungen, Akzentverschiebungen, Stimmführungsvarianten
- den Komplex in kleine Teile zerlegen, variierend (verfremdend) üben
- Varianten in der Dynamik
- Artikulationsänderungen
- Tempovarianten
- Varianten des Standortes: bei Melodie-Instrumenten; bei Harmonie-Instrumenten: Varianten des Instrumentes
- Hervorheben einzelner Stimmen

8.3.1.3. Verfremdungen

- sequenzieren und transponieren
- krebsartiges Rückwärtsspielen
- in neue Bezüge setzen (Improvisation)
- als Klangübungsmaterial verwenden (Ton-, Bogen- und Anschlagsübungen)

8.3.1.4. Vertiefen (Beteiligung weiterer Sinne)
- grafische Darstellung
- verbale Beschreibung
- auswendig lernen
- aufschreiben
- Übungen als vergleichende Wiederholungen

8.4. Der Rhythmus, die rhythmische Schulung

Unser gesamtes Weltgeschehen, der Makro- sowie der Mikrokosmos basieren auf Rhythmus. Die Bewegung der Gestirne bedingt den Wechsel von Tag und Nacht. Alle Bewegungen (auch die der Atomteilchen) laufen innerhalb mehr oder weniger genauer Zeiteinheiten ab. Dies gilt in gleichem Maß für unser eigenes Leben und unsere Körperlichkeit.

Die Musik, die in der Zeit abläuft, benötig eine Notation der Zeit. Diese Notation wurde vom Metrum des Pulsschlages her entwickelt. Prof. K. Johnen erklärt dies eindrücklich in seiner allgemeinen Musiklehre (Reclams Universal Bibliothek Nr. 735 21 53):

Der Pulsschlag eines gesunden Mannes liegt bei etwa 70 Einheiten in der Minute, die Schläge folgen also in etwas kürzeren Abständen als einer Sekunde. Das Tempo des Pulses wird durch Arbeit oder Ruhe, durch jede körperliche Anstrengung, durch jede Gemütsbewegung, ja sogar durch das Anhören von Musik beeinflußt, es bleibt aber immer innerhalb bestimmter Grenzen. Folgen rhythmische Schläge in kürzeren Abständen als in dem normalen Pulstempo, so empfinden wir das als ein beschleunigtes Tempo; folgen sie in weiteren Abständen, so empfinden wir das als verlangsamtes Tempo.

Neben dem Rhythmus des Pulsschlages haben wir in unserem Organismus noch den Atemrhythmus. Diese beiden Rhythmen stehen in enger Wechselbeziehung zueinander. Im Gegensatz zum Pulsschlag können wir das Atemtempo ganz erheblich durch unseren Willen beeinflussen. Wir können nach Belieben schneller oder langsamer atmen, wir können die Atembewegung anhalten und wieder einsetzen lassen. Wenn wir aber unser Atmen ruhig fließen lassen, wenn es nicht durch Erregung oder Anstrengung beeinflußt ist, kommen im allgemeinen auf einen Atemzug vier Pulsschläge.

Das Notenzeichen, welches die Zeit unseres natürlich fließenden

Atemrhythmus darstellt, wollen wir als ganze Note bezeichnen. Es kommen dann auf eine ganze Note zwei halbe Noten, vier viertel Noten (= Pulseinheit), acht achtel Noten, sechzehn sechzehntel Noten und zweiunddreißig zweiunddreißigstel Noten.

Eine nochmalige Unterteilung der Zeit erübrigt sich, da das menschliche Ohr nicht mehr als zehn bis zwölf Töne in der Sekunde aufnehmen kann.

Durch diese Ausführungen wird deutlich, daß Rhythmus, auch die komplizierteste Struktur, von der Körperlichkeit ausgeht und somit zwingend wieder körperlich erlebt werden muß.

Zu dieser Körperlichkeit gehört auch unsere Sprache, die in sich Rhythmus trägt und uns, je nach Eigenart der Anwendung, charakterisiert.

Für die rhythmische Schulung lassen sich hieraus zwei Prinzipien ableiten:

- das rhythmische Geschehen körperlich erlebbar werden lassen
- das rhythmische Geschehen mit Wort und Sprache lebendig werden lassen.

Als Musiklehrer haben wir immer wieder mit sogenannten unrhythmischen Schülern zu arbeiten. Für den Lehrer soll das bedeuten, zunächst vom komplizierten Notentext wegzugehen und eine konsequente rhythmische Schulung über Körper, Gehör und Augen ca. ½ Jahr lang 10 Minuten in den Unterricht einzuplanen.

E. J. Dalcroze schreibt in seinem Buch «Rhythmus, Musik und Erziehung» (Kallmeyersche Verlagsbuchhandlung GmbH 1988):

Wenn ein gesundes, von jedem physischen Fehl verschontes Kind einen ungleichmäßigen Gang hat, so wird dieser Unregelmäßigkeit auf musikalischem Gebiet ein Unvermögen zur regelmäßigen Zeitmessung entsprechen . . .

Der gleichmäßige Gang ist das natürlich gegebene Mittel, die Zeit in gleiche Teile zu zerlegen, und somit das Vorbild des Taktes. Dadurch, daß man stets den ersten von je zwei, je drei oder je vier Schritten hervorhebt, entsteht die metrische Betonung . . .

Man lasse ein Kind zum Gesang marschieren. Fallen seine Schritte nicht genau mit den Taktteilen der Melodie zusammen, die von ihm selber oder von andern gesungen wird, so fehlt ihm das natürliche Taktgefühl. Kann es nicht nach Belieben den oder jenen Schritt stärker hervorheben, so mangelt ihm das natürliche Gefühl für die Taktart. Wie man nun einen Taubstummen dadurch sprechen lehrt, daß man ihm Lippenbewegungen beibringt, die doch für ihn keinen Gehörvorstellungen entsprechen, so ist es auch möglich, einem unrhythmischen Menschen den rhythmisch-musikalischen Sinn dadurch zu vermitteln, daß man seinen Körper an regelmäßige und genau skandierte Bewegungen gewöhnt, die sein Auge und sein Muskelsinn kontrollieren können.

Hierzu einige Methoden:

- den eigenen Puls fühlen, ihn reden oder klatschen lassen, dazu laufen (leises Klatschen ermöglicht, Ruhe zu finden und Temposteigerung zu vermeiden)
- gemeinsames Gehen, zu einem gemeinsamen Tempo finden
- Worte für Viertel, Achtel, Triolen etc. suchen, reden und dazu gehen
- ganze Sätze rhythmisch sprechen und sie körperlich ausdrücken (z. B. gleichzeitig klatschen und hüpfen)
- das Metrum zu bekannten Liedern mitklatschen lassen, durch Betonung zur Taktbestimmung kommen; vertiefen des Gelernten an Beispielen anderer, bekannter Lieder
- gerade in ungerade Taktarten umwandeln, um Gleichmäßigkeit der Betonung oder deren Wechsel vom Körper her zu erfahren
- zu schwierigen rhythmischen Strukturen das Metrum gehen oder klatschen (Schwierigkeiten langsam aufbauen!).

Wichtig bei allen Übungen ist die gemeinsame Bewegung von Lehrer und Schüler. Oft hilft es, einen Rhythmus direkt auf den Körper des Schülers zu übertragen (z. B. leichtes Klopfen auf die Schultern).

Auch die Arbeit an auftretenden *rhythmischen Komplexen im Notentext* sollte die genannten Prinzipien in den Vordergrund stellen. Wiederum helfen die Analyse, die Variation-Verfremdung und die Vertiefung als grundsätzliche Aufbauschritte.

Die Analyse

- Reduktion auf die rhythmische Grundstruktur
- Erarbeiten der gegebenen Schwerpunkte
- Erkennen von metrischen Zusammenhängen und ihre Verdeutlichung (Wiederholungen, Aufbau, gleiche Figuren etc.)
- optisches Einordnen von Unterteilungen (das Notenbild täuscht oft).

Die Variation und Verfremdung (eine gebräuchliche Methode im Jazz)

- aus Vierergruppen Dreiergruppen bilden, dadurch Akzentverschiebungen auslösen, die Unregelmäßigkeiten deutlich werden lassen
- geläufige Methoden wie Punktierungen und Gegenpunktierungen einsetzen
- den rhythmischen Ablauf von hinten nach vorn (krebsartig) üben
- Varianten der Zähleinheit einsetzen.

Das Vertiefen
- Notierung von Rhythmen
- Improvisation mit Rhythmen
- Dirigieren von Rhythmen
- feststehende Rhythmen auf Melodievorlagen übertragen
- rhythmische Komplexe verkleinert bzw. vergrößert aufschreiben
- schwierige Rhythmen eines Stückes (als Rhythmuskarten) herausschreiben, damit improvisieren (z. B. die Reihenfolge immer wieder vertauschen)
- eine Sammlung von beliebten rhythmischen Komplexen anfertigen, in neuem Notentext suchen
- Rhythmusdiktate (Vor- und Nachsprechen, Klopfen etc.).

Ritenuti und accelerandi machen den Verlauf von Spannung und Entspannung deutlich und sind somit entscheidend für die Gestaltung eines Werkes. Rhythmisches und metrisches Geschehen wird dann lebendig, wenn in der großen Zähleinheit der Puls der kleinen Zähleinheit spürbar wird und umgekehrt. (Der Lehrer hilft dies beim Spiel des Schülers mit Klatschen oder Reden zu verdeutlichen.)

In diesem Sinne wird es einfach sein, ein ritenuto oder accelerando lebendig pulsierend und hörbar werden zu lassen. Der Übergang von der großen zur kleinen gedachten und empfundenen Einheit leitet die Entspannung zum ritenuto ein. Ebenso erhöht sich die Intensität homogen, wenn im accelerando der Übergang in eine größere Zähleinheit zur Steigerung der Spannung führt.

Pausen können spannungsvorbereitend oder spannungslösend sein. Das Ausfüllen von Pausen durch Wort, Klang oder Bewegung hilft, sie als lebendiges Schweigen erlebbar werden zu lassen. Das Metronom sollte schlußendlich nur das innere Zählen ersetzen oder unterstützen und hilfreiche, unbestechliche Kontrolle sein. Rhythmus sollte als Grundelement immer wieder losgelöst freudig erlebt werden.

8.5. Gehörbildung und Musiklehre im Unterricht

Bei der Schulung des Gehörs geht es darum, Musik in ihren einzelnen Komponenten zu erkennen und zu definieren. Stark vereinfacht, sind diese Komponenten:

- Klang (Ton)
- Melodik
- Harmonik
- Rhythmus
- formale Struktur

Musikpraxis ohne Wissen um Gesetzmäßigkeiten ist zwar möglich, langfristig gesehen aber kaum vertretbar. Strukturierungen im harmonischen, melodischen und formalen Ablauf können besser mit Kenntnis um deren Aufbau gelöst werden. Es ist darum naheliegend, bei der Schulung in den aufgeführten Bereichen, die entsprechende Musiklehre als Basis mitzuvermitteln sowie einzubeziehen und womöglich mit dem Instrument durchzuführen.

Arbeitsblätter für den Bereich Musiklehre, der jeweiligen Stufe des Schülers angepaßt und aus der praktischen Arbeit heraus entwickelt, helfen die Frage des oft angesprochenen Zeitproblems für dieses Gebiet zu lösen (siehe Kapitel 5, «Medien im Unterricht»). Wir verweisen außerdem auf eine große Anzahl von Volksschullehrmitteln für den Bereich Musiklehre. Klassenstunden, die der Schulung des Gehörs und der theoretischen Arbeit gewidmet sind, helfen nicht zuletzt auch den Alltag des Instrumentallehrers farbiger zu gestalten.

Die folgende Tabelle ist Versuch, mögliche Methoden zur Schulung des Gehörs in Verbindung mit der dazugehörenden Musiklehre aufzuzeigen.

Gehörbildung	*Musiklehre*
Der Klang (Ton und Tonhöhe)	
Unterscheiden von hoch und tief	Einführen der verschiedenen Instrumentarten mit Bild- und Klangbeispielen
– Orten der eigenen Stimmlage am Klavier	
– Vor- und Nachspielen von Tönen in verschiedenen Lagen	– Orchesterbesetzung aufzeigen
	– das Prinzip der Tonerzeugung bei verschiedenen Instrumentengruppen erklären

Gehörbildung

- (durch Handbewegungen die einzelnen Register verdeutlichen, den Körper einbeziehen, Bücken oder Strecken, auf einer Farbskala dunkel bis hell aufzeichnen)
- Klänge auf Holz, an der Wand, an allen im Raum vorhandenen Klangmöglichkeiten produzieren und einordnen (beschreiben, zeichnen etc.)
- sich zu verschiedenen Klängen verschieden bewegen (musikalische Früherziehung)

Intonation (alle Melodie-Instrumente)

- von der bewußt falsch gewählten Richtung zum Einklang (zur gleichen Schwingung kommen; Quarten, Quinten und Oktaven lassen mangelnde Intonation gut hörbar werden)

Die Intervallschulung (Melodik) I. Stufe

- Liedanfänge mit entsprechenden Intervallen suchen und transponieren lassen
- von einem Ton aus verschiedene Intervalle spielen und benennen (immer wieder zum Ausgangston zurückkehren, um das Grundtongefühl zu schulen)
- große Intervalle mit kleinen ausfüllen, um damit die Hörbarkeit zu erleichtern
- sich gegenseitig (L. u. S.) verschiedene Intervalle vorspielen, sie benennen
- gleiche Intervalle aufeinander aufbauen (L. u. S. im Wechsel)
- einen Grundton spielen, die ganze Intervallreihe dazu singen oder spielen lassen
- auf verschiedenen Instrumenten Intervalle spielen und erkennen

Musiklehre

- Stimmlagen und Notenschlüssel einführen
- Notierungsarten der einzelnen Instrumente erklären
- Tonbänder (Schallplatten) hören lassen, Instrumente heraushören und beschreiben

- Schwierigkeiten aufzeigen, technische Möglichkeiten erklären (Holzbläser, Streicher etc.)

- die Abstände der einzelnen Töne zueinander erklären, aufschreiben lassen
- Vorzeichen einführen
- verschiedene Skalen einführen (Dur, Moll, Pentatonik, Kirchentonarten, Ganztonleiter, chromatische Tonleiter)
- Quintenzirkel einführen
- Tonwortmethoden (Tonika-Do-Methode, Solfeggio)
- Intervallreihen aufschreiben

- vom gleichen Grundton aus die verschiedenen Skalen aufschreiben lassen (Varianttonarten einführen)
- Stilmerkmale deutlich werden lassen
- Aufzeigen der parallelen Bezüge von Dur und Moll, Quintenzirkel

Gehörbildung

Musiklehre

Intervallschulung 2. Stufe (Vorbereitung zur Harmonik)

- Intervalle nicht nacheinander, sondern zusammen hörbar werden lassen
- Beschreiben und erlebbar werden lassen von Konsonanz und Dissonanz (umschreibende Worte suchen = schön, sanft, hart etc.)

- Bezeichnen und Aufschreiben der konsonanten und dissonanten Intervalle
- Stimmungsmöglichkeiten besprechen (Geige, Cembalo)

Schulung des Tongedächtnisses, Melodien

- Melodien singen lassen, nachträgliche Intervallbestimmung, Transposition
- Melodien von Dur nach Moll transponieren
- Diktieren von Melodiefolgen
- «Rucksackpacken» = Ton um Ton nacheinander spielen (z. B.: L-g, S-g+h, L-g+h+d, S-g+h+d+a etc.)

- Melodien aus bekannten Werken aufschreiben lassen
- schriftlich transponieren lassen
- Melodien in verschiedenen Schlüsseln aufschreiben

Harmonik (vom Zweiklang zum Dreiklang kommen)

- minimale Unterscheidungsübungen: zu einem gegebenen Randintervall einen konsonanten oder dissonanten Ton spielen lassen
- alle Dreiklangsformen hören (auch spielen und verbal beschreiben)
- das Grundtongefühl entwickeln (plagale und authentische Schlüsse einprägen)
- Volkslieder harmonisieren (bei Melodie-Instrumenten wenigstens mit den Grundtönen der Kadenz)
- Tonleitern harmonisieren
- Vierklänge in Reihen spielen

- leitereigene Dreiklänge (+ deren Umkehrungen) aufschreiben lassen
- Verhältnis der Haupt- und Nebendreiklänge abklären (Dur und Moll), harmonisches Moll dadurch erklären)
- Kadenzen einführen
- Halb-, Ganz- und Trugschluß einführen (höchst wichtig für die Interpretation von Barockmusik)
- Vierklänge einführen
- einfache Volkslieder schriftlich harmonisieren lassen
- Modulation erklären

| *Gehörbildung* | *Musiklehre* |

Bewegungsabläufe (Vorbereitung zu formalen Strukturen)

- Orgelpunkte spielen und erfinden lassen (in gegebenen Beispielen hören lassen)
- Improvisation von Durchgängen und Wechselnoten
- Erfinden und Definieren von Verzierungen (als technische Übung Trillerketten stufenmäßig spielen lassen = C-C, d-d usw.
- Albertibässe mit entsprechenden Melodien improvisieren lassen

- Generalbaß einführen (Durchgänge, Wechselnoten, Pralltriller, Doppelschlag)
- Stilmerkmale durchnehmen

Formale Strukturen

- Formen hören, zeichnen, beschreiben lassen
- Bewegungsabläufe einer Stimmführung heraushören und nachspielen
- spezifische Eigenarten einer Epoche erkennen, umschreiben, evtl. damit improvisieren
- zu möglichst allen Formen Beispiele hören und analysieren

- von der Liedform bis zur Suite, Sonate, Sinfonie, Konzert musikalische Formen besprechen
- Polyphonie durchnehmen
- Aufführungspraxis besprechen

Es ist uns bewußt, daß es eine große Vielfalt von möglichen Vorgangsweisen und Aufbaumethoden gibt, die die Schulung des Gehörs und der Musiklehre zum Inhalt haben. Die hier aufgeführte Kombination von beiden Bereichen erhebt keinerlei Anspruch auf Folgerichtigkeit. Je nach Instrument sind selbstverständlich andere Schwerpunkte gegeben. Hoffen wir, daß die trocken scheinende Materie «Musiklehre» auf irgendeine Weise Interesse wecken wird.

8.6. Die Improvisation

Die Improvisation nimmt nicht nur im Gebiet «Musik» eine wichtige Stellung ein; sie bezieht sich auch auf alle Lebensbereiche, setzt Kreativität und Variationsfreudigkeit voraus und spricht den Spieltrieb des Menschen an.

Die Fähigkeit, spontan auf eine Situation einzugehen, läßt uns neues Vertrauen schöpfen. Improvisationsmomente gehören meist zu den spannungsvollsten Augenblicken in unserem Leben – und es bleibt uns die Genugtuung, sie unvorbereitet gemeistert zu haben.

In jeder Kunstgattung und jedem Handwerk ist Improvisation zu finden. Die Geschichte der Musik beginnt mit der Improvisation, die die mündliche Überlieferung implizierte. Die schriftliche Fixierung musikalischer Vorgänge geschah erst allmählich. Viel später, im Zeitalter des Barock beispielsweise, profilierte sich der Musiker in erster Linie durch freies Spiel, die Auszierung einer Melodie oder die phantasievolle Gestaltung eines Generalbasses.

Leider ist Improvisation heute im Konzertsaal kaum mehr zu hören und scheint der sogenannten U-Musik vorbehalten zu sein. Was bedeutet dies für unseren Musikunterricht?

In freier Spielform kann sich die Persönlichkeit und Phantasie des Schülers entfalten. Das Vorgehen in diesem Bereich sollte vom Lehrer ganz bewußt geplant werden. Hierzu einige Überlegungen: Improvisationsübungen sind abhängig von Alter, Interessen und Umgebung des Schülers. Sein Können, seine technischen Fähigkeiten, seine theoretischen Kenntnisse sowie seine musikalische Reife sind zu beachten. Ein klein gesteckter Rahmen hilft zunächst, Sicherheit zu erlangen. Die Thematik einer Übung wird durch die angestrebten Ziele bestimmt. Man versuche jede Improvisation auf Inhalt und verwendete Techniken oder Aufbauschritte hin zu überprüfen, zu besprechen und damit zu vertiefen. Es entwickeln sich teilweise feste Strukturen, die ohne Notation zu neutralen Spielformen werden, die immer wieder eingesetzt werden können.

Grundsätze von Improvisationsmöglichkeiten

1. Anknüpfen an vertraute Übungsarten und deren Weiterentwicklung in der Variation:

– Improvisation von technischen Möglichkeiten
– Töne gestalten, überdehnen, klanglich variieren usw.
– fingertechnische Spiele (als Thematik z. B. Imitation von Naturereignissen usw.)
– Improvisation frei von Form und tonalen Bezügen, außerhalb von Dur und Moll; Umsetzen von momentanen Stimmungen
– Ausdrucksimprovisation: willkürliches Wählen von Tonfolgen, neue Klang- oder Geräuscherzeugung (zeitgenössische Musik)

2. Improvisation auf der Grundlage von Theorie oder Tonsatz, freie Abwandlung von Werken oder Imitation von vorgegebenen Themata:
- Frage- und Antwortspiel
- Lieder im Dreiklangbereich
- Vorspiel zu Liedern
  Weiterentwickeln des gegebenen Motivs (abwechselnd Schüler und Lehrer; Vergrößerung oder Verkleinerung des Motivs, Umkehrungen usw.)
- Improvisation über Kadenzen; Pentatonik
- wechselweises Ausschmücken von Begleitformen
- Stilkopien
- rhythmische Varianten von bestehenden Strukturen

3. Improvisation von Tanzmusik oder Jazz:
- Improvisation über Jazztonleitern und -harmonien
- Improvisation über Ostinati oder Bordune
- rhythmische Improvisation

Kinder und Jugendliche sprechen besonders stark auf das Umsetzen aller Bewegungsarten an, z. B. schleichen, hüpfen, schreiten, gehen, sowie auf die Imitation von Naturereignissen, von Tieren oder Tierstimmen. Auch das musikalische Umsetzen von Gefühlen oder Gesprächen kann zu neuen Möglichkeiten führen.

Erwachsene finden oft leichter Zugang zur Improvisation durch vorgelegte Bilder, die Stimmungen wach werden lassen. Farbe führt oft zu Klang. Der geräuschhafte Bereich eröffnet die Auseinandersetzung mit Spielformen neuzeitlicher Musik. Ganze Improvisationsgeschichten schulen das Gedächtnis und das innere Voraushören. Aufzeichnen von Improvisationsübungen in grafische Blätter oder Notationen (auch zu verwenden bei Klassenstunden) helfen später, wieder Bezug zu gegebenem Notentext herzustellen. Für die Interpretation ist die Fähigkeit zum Improvisieren Voraussetzung dazu, eventuelle «Pannen» zu überbrücken.

Durch Improvisation kann ein Schüler zu einer eigenen musikalischen Ausdrucksweise finden. Seine Fähigkeiten und Grenzen werden deutlich; er wird lernen, sich selber zuzuhören.

8.7. Das Prima-vista-Spiel («Blattspiel»)

Gutes «Ab-Blatt-Spiel» hängt nicht nur von Begabung ab, sondern ist durch kontinuierliche Übung bis zu einem gewissen Grad erlernbar. Die Kunst des Blattlesens besteht zu einem großen Teil aus der Kunst des Vorauslesens, des Erkennens der wichtigsten Strukturen im melodischen, harmonischen oder rhythmischen Bereich sowie auch der Kunst der Vereinfachung. Gehörbildung wie Übungen zu den genannten Bereichen müssen als Voraussetzung zum Primavista-Spiel gepflegt werden; erst dann wird dieses Vertiefung und Verwendung angeeigneter Mechanismen auch im motorischen Ablauf sein.

Blattspiel bedeutet nicht wiederholen. Zunächst muß der Text auf eventuelle Schwierigkeiten hin geprüft werden; danach erfolgt die Wahl des Tempos, die den schwierigen Stellen Rechnung trägt. Wissen um Tonart und Zähleinheit sind hierbei wesentliche Hilfe. Das Beibehalten des gewählten Tempos verlangt Disziplin (besonders bei Wechsel von schweren zu leichten Passagen), ermöglicht aber, weiterhin vorauszulesen und gelassen zu bleiben. Das Primavista-Spiel läßt grundsätzlich 2 Varianten zu:

1. Ein Tempo wählen, bei dem der ganze Inhalt des Notentextes (inkl. Dynamik, Ritenuti, Accelerandi usw.) möglichst fehlerfrei umgesetzt werden kann. (Bei auftretenden Schwierigkeiten das Tempo reduzieren, dann aber in der Verlangsamung beibehalten!)

2. Sich im gleichbleibenden Tempo durch den Text spielen; egal was passiert, die Aufmerksamkeit immer nach vorn richten (wenn nötig Vereinfachungen vornehmen, d. h. Weglassen von Verzierungen, Umsetzen nur der wichtigsten Harmonien oder Melodienfolgen = Übung für das Blattspiel in Kammermusikbesetzung).

Bei Melodie-Instrumenten sind anfangs lineare Stücke leichter lesbar, bei Harmonie-Instrumenten Stücke mit eingeübten Begleitformen (einfache Generalbaß-Begleitungen mit den Harmoniestufen I/IV/V erweitern; vertikal lösen).

Um die Freude am Blattspiel zu erwecken, sollte das zu lesende Stück einen Schwierigkeitsgrad haben, der eine vorhergehende Stufe in bezug auf das Können und die gestalterischen Fähigkeiten des Schülers einnimmt.

Kleine Check-Liste zur Methodik des Vorauslesens

– Der zu spielende Takt wird (vom Lehrer) fortlaufend zugedeckt.

- Als Reaktionstraining: ganz- oder halbtaktiges alternierendes Spiel von Lehrer und Schüler.
- Überspringen eines Taktes, Spielen des übernächsten Taktes.
- Tempowechsel: 2 Akkorde oder Takte schnell gespielt, 3 langsam mit Vorauslesen auf den weiteren Ablauf.
- Takt- oder sequenzweises Spielen; auswendig wiederholen.
- Lesen, ohne zu spielen; aus der Erinnerung das Gelesene spielen.
- Abdecken des Instrumentes oder der Tastatur («blindes» Spielen vertieft das Körpergefühl und fördert das Vertrauen z. B. in die Hände).

Die hier aufgeführten Methoden sind beliebig zu ergänzen. Vierhändiges Spiel, leichtes, unbeschwertes Musizieren im Duett helfen den Sinn des Prima-vista-Spiels deutlich zu machen. Das Blattspiel sollte unbedingter Bestandteil jedes Musikunterrichtes sein und im Zeitablauf des Übens seinen festen Platz haben, da es die Voraussetzung jeder Art kammermusikalischen Zusammenspiels ist.

8.8. Das Auswendigspiel

Das Auswendigspiel ist ein Erlebnis der nächstmöglichen Beziehung von Interpret und Instrument. Der Notentext muß nicht zuerst aufgenommen und dann umgesetzt werden; er ist *im* musizierenden Menschen und wird somit von innen heraus reproduziert. Daraus ergibt sich die Möglichkeit zu einer zentrierten und freien Wiedergabe. Meist spielen wir ganze Sequenzen auswendig und haben nicht den Mut, auf den Notentext, der oft nur Gedächtnisstütze oder «äußerer» Halt ist, zu verzichten. Um Sicherheit zu erlangen und den Angstfaktor zu eliminieren, muß das Auswendigspiel kontinuierlich geübt werden. Lehrer und Schüler sollten den Lernprozeß zunächst gemeinsam angehen, um die spezifische Begabung des Schülers herauszufinden. Praktisch gilt es klarzustellen, wie sich ein Schüler bei einer Gedächtnisschwäche orientiert. Wir unterscheiden vier Lern- oder Memorisierungsarten:

- *die visuelle Lernart:* der Lernende sieht den Notentext jederzeit abrufbar vor Augen und muß sich immer wieder am gleichen Notentext orientieren (er ist darum auch ein guter Prima-vista-Spieler)

- *die auditive Lernart:* der Lernende ist vorwiegend mit Gehörsinn begabt und ruft während des Spiels vertraute Spielabläufe ab

- *die motorische Lernart:* der Lernende verläßt sich auf griff- und fingermotorische Spielabläufe, muß, wenn er «aussteigt», wieder an einer ganz bestimmten Stelle anfangen, um erneut in den motorischen Ablauf einzusteigen

- *die analytische, verstandesmäßige Lernart:* der Lernende weiß um den formalen und harmonischen Aufbau des Stückes; da er aber stark verstandesmäßig orientiert ist, kann der Ablauf trotz Wissen erheblich gestört werden, wenn z. B. fingermotorische Schwierigkeiten auftreten.

Je nach Instrument sind von vornherein Schwerpunkte gegeben. (Das Klavier ermöglicht z. B. den Blick auf den Bewegungsablauf der Hände; die Querflöte läßt keinerlei visuelle Kontrolle zu.) Es ist sicher von Vorteil, neben der spezifischen Begabung eines Schülers die Schulung des Gedächtnisses auf allen Ebenen zu fördern. Das auditive Lernen sollte früh mit dem Spiel nach Gehör, mit Improvisation und Singen geübt werden. (Auch der visuell Lernende muß voraushören können, um gegen Blockaden gewappnet zu sein.) Das Erlernen neuzeitlicher Musik stellt die Orientierung durch Analyse, visuelle und motorische Abläufe meist in den Vordergrund. Die Kenntnis von Musiktheorie ist Basis für alle genannten Lernformen. Sogenannte «Störfaktoren», wie vorübergehend abschweifende Gedanken, sollten miteingeübt werden, um «streßresistent» zu werden. Ausdrucksvarianten (statt «con fuoco» «dolcissimo» gespielt) helfen Strukturierungen deutlich einzuprägen.

Im folgenden einige *Kontrollmethoden zum Auswendigspiel:*

- den Notentext an einer beliebigen Stelle aufschlagen, von dort aus auswendig weiterspielen
- taktweises oder sequenzweises Singen oder Vorstellen des Textes, Weiterspielen mit dem Instrument
- Solfeggieren von Rhythmen oder Melodien
- leises Spielen der Finger auf den Tasten, Klappen oder Saiten (üben der Feinmotorik und der Klangvorstellung)
- eine Sequenz auswendig spielen, sich unterbrechen oder unterbrechen lassen (herumlaufen, reden; weiterspielen, wo man aufgehört hat)

- entspannt in einem Stuhl sitzen, den Notentext (mit Vorstellung von Harmonik, Motorik und Klang) innerlich ablaufen lassen; bei Nichtweiterwissen sofortige Kontrolle am Notentext
- Aufschreiben sowie Bezeichnen von «Blockade-» oder «Aussteigestellen»
- sich immer wieder bewußt in die Aufführungssituation hineinversetzen.

Wir Lehrer sollten nie vergessen, daß Auswendigspiel schon im Kleinen geübt werden kann. Das Memorieren von 4 Takten ist Baustein für große Zusammenhänge.

8.9. Musikgeschichte im Unterricht

Als Instrumentallehrer stellen wir sehr oft die Erlernung instrumentspezifischer Abläufe in den Vordergrund und vergessen dabei, das geistige Umfeld eines Werkes lebendig in unsere Arbeit miteinzubeziehen. Wenn wir uns aber als Musiklehrer mit einem entsprechenden Instrument verstehen wollen, ist es unerläßlich, Querverbindungen zu schaffen, die eine adäquate Wiedergabe des Notentextes möglich machen. Die Bezugnahme zu der entsprechenden Epoche – dazu gehört das Wissen um Lebensgefühl, Aussagewillen und Zeitstil – läßt das Werkverständnis erst ganz entstehen. Es sei an dieser Stelle auf Werner Steins «Kulturfahrplan» (Verlag Herbig oder Fischer Taschenbuch) hingewiesen. Stein führt in Querverbindungen von Politik, Literatur, Technik, Architektur usw. die wichtigsten Fakten stichwortartig nebeneinander auf – vom frühesten Anfang bis zur Gegenwart. Die Aktivität des Schülers beim Suchen der Zusammenhänge sollte vom Lehrer mit Sachkenntnis liebevoll unterstützt und gefördert werden.

Nachfolgende Tabelle will Hilfe sein, zu einem einigermaßen umfassenden Bild einer Epoche zu kommen.

1	2	3	4	5
Die politische und wirtschaftliche Situation, damit das Lebensgefühl des Menschen, seine Philosophie	Stand der Technik und der Wissenschaft	Die schönen und die bildenden Künste (Literatur, Malerei, Bildhauerei, Architektur	Die Entwicklung des Instrumentes (damit verbundene Ausführung usw.)	Das Musikleben, Komponisten, spezielle Eigenarten einer Stilrichtung. Wo, in welcher Gesellschaftsschicht wurde wie musiziert? (Praktische Übungen zu einer Stilrichtung vertiefen das Werkverständnis)

Wichtige Epochen für unseren Unterricht:
- Renaissance 15./16. Jahrhundert
- Barock 17./18. Jahrhundert
- Rokoko bis Klassik 18. Jahrhundert
- Romantik 19. Jahrhundert bis ca. 1850
- Realismus 19. Jahrhundert ab ca. 1850
- Naturalismus/Impressionismus Ende 19. Jahrhundert
- Jugendstil und Anfang 20. Jahrhundert
- Expressionismus bis zur Gegenwart

Das Wissen, mit der Wiedergabe eines Notentextes in ein reiches Umfeld zu treten, das in die Gestaltung eines Textes miteinbezogen werden sollte, wird vermutlich für jeden Schüler Ansporn sein.

8.10. Die Interpretation

(Interpretation = «Auslegung, Erklärung, Deutung»)

Der Interpret, die Interpretation, oft gehörte Begriffe, bei denen nur das Resultat wichtig zu sein scheint. Wenn man an Interpretation denkt, wird die Erinnerung mit dem Ausführenden, Interpreten verknüpft. Der Interpret, seine Persönlichkeit und damit seine Aussagefähigkeit, stehen im Vordergrund.

Zur Auslegung und Deutung eines Werkes gehören als Voraussetzung unter anderem ausreichende Technik, Verstand, Empfindung, Gestaltungsvermögen und die Fähigkeit, sich selbst im entscheidenden Moment dem Publikum mitzuteilen.

Ein Publikum wird vermutlich rasch spüren, wie ein Interpret zu einem Werk eingestellt ist. Ob Verstand oder Gefühl dominiert, ob die Musik pimär intellektuell oder emotionell wirkt, ob und welche Entscheide in dieser Frage getroffen worden sind. Ständige und gründliche Auseinandersetzung mit einem Notentext führen zu persönlichen Impulsen, ohne die eigene Persönlichkeit zu stark in den Vordergrund zu rücken, also im Sinne des Werkes, eine ausgewogene Gestaltung zu ermöglichen.

Zu dieser Gestaltung gehört die Fähigkeit zu überraschen, ein Publikum nicht in vorhersehbarem Spiel durch bereits erahnte Strukturen zu führen.

Das setzt voraus, daß der Ausführende sich von subjektiven Gefühls- und Empfindungsmomenten frei machen kann, ohne die Verankerung im seelischen Bereich zu verlieren.

So betrachtet ist das anfangs genannte Resultat – der Gesamtablauf der Interpretation – eine Summe von Faktoren, die als Einheit nach außen wirken sollten, aber im einzelnen geschult werden müssen. Interpretation – und vor allem der Weg dazu – muß geübt werden. Die subtile Pflege aller Aspekte sollte für uns Instrumentallehrer im Zentrum unseres Unterrichtens stehen.

8.10.1. Der Weg zur Interpretation

Der Weg zur Interpretation ist die Schulung des Verstandes (des Überblicks über ein Werk), die Schulung im Bereich der Objektivität zur eigenen musikalischen Aussage, die Schulung der Empfindung, des Geschmacks und nicht zuletzt der Technik, die für die bedingten Abläufe jederzeit abrufbar sein muß.

Erste Voraussetzungen:
– Eine adäquate Werkwahl für jeden Schüler, die den Überblick über ein Werk ermöglicht (und sei es nur ein Lied) und eine musikalische Aussage im Sinne seiner Entwicklung (Reife) und seines technischen Könnens gewährleistet.
– Das Erkennen und Einbeziehen der Veranlagung des Schülers, Sensitivität, Spielfreudigkeit, Grundstimmung, körperliche Verfassung, Abstraktionsvermögen (kleine Kinder haben mehr Freude an «motorischen» Werken, Jugendliche scheuen sich oft davor, Gefühle zu deutlich «spürbar» werden zu lassen usw.).

8.10.2. Die Schulung des Überblicks über ein Werk

Von jedem zu erarbeitenden Stück muß zunächst eine klare Vorstellung vermittelt werden.

Ohne das Erkennen einer Struktur oder das Erfassen eines Satzcharakters ist keine Interpretation möglich.

Analyse und Variation helfen harmonische, melodische und formale Strukturen herauszukristallisieren.

Einige Methoden:
– Charakterisierung und Beschreibung des Stückes oder einzelner Phrasen (fröhlich, traurig, melancholisch, witzig etc.)
– harmonische, formale Anaylse durch den Schüler (der Lehrer ergänzt Fehlendes)
– ähnliche melodische, harmonische oder rhythmische Strukturen aus anderen Werken zum Vergleich heranziehen (für Melodieinstrumentalisten: Unbedingt mit der Klavierstimme arbeiten!)
– verschiedene (sich eventuell auch wiederholende) Passagen nacheinander spielen, Unterschiede oder Gemeinsamkeiten bezeichnen und dadurch bewußtmachen

- Stimmen herauslösen, gleichzeitig singen und spielen (Pianisten)
- Erfassen und Erkennen von Verbindungen und Anschlüssen (bes. wichtig bei «neuzeitlicher» Musik)
- Spannungsverlauf verfolgen (Höhe- und Tiefpunkte einzeichnen)
- Motive herauslösen, sequenzartig oder transponierend üben
- einzelne Strukturen durch Bewegung (bis zum Tanz) körperlich erleben
- durch dynamische Varianten zur Strukturierung eines Stückes oder einer Phrase kommen
- durch Transposition (auch von Dur nach Moll) den Grundcharakter eines Stückes finden
- durch Tempovarianten das «Grundtempo» erspüren

8.10.3. Die Schulung zur distanzierten Beurteilung der eigenen musikalischen Aussage und die Schulung der Empfindung

Die objektive Wahrnehmung in bezug auf die eigene musikalische «Vermittlung» ist oft in hohem Maße blockiert, und die selbständige Kontrolle des «musikalischen Ausdrucks» scheint viel schwieriger zu sein als die Kontrolle von instrumentspezifischen, technischen Abläufen. Inneres Erleben und erzielter Effekt klaffen manchmal weit auseinander, und je nach psychischer Anspannung sowie Veranlagung des Ausführenden, wird nur noch wenig von den erarbeiteten Ausdrucksformen vermittelt.

Leider kann sich der musizierende Mensch aber auch nicht einfach darauf verlassen, daß ihn bei gegebener Gelegenheit oder entsprechender Stimmung die «Muse küßt» und er dadurch zu einer inspirierten Interpretation getragen wird.

Das bedeutet, daß in erster Linie eigene Grenzen, auch in bezug auf körperliche Möglichkeiten, erkannt und bewußtgemacht werden müssen.

Hier hilft die *Methode des Übertreibens*.

- Durch völliges Übertreiben Klarheit für die Wahl der bestimmenden Faktoren einer Interpretationsform schaffen (Dynamik, Phrasierung, Agogik etc.).

Einige Hinweise:

- bis an die äußersten Grenzen der eigenen technischen Möglichkeiten gehen, alle «Zwischenfarben» zunächst ausschalten (fff-ppp)

- Vereinfachen: «Schlüsselpunkte» herauskristallisieren, das Stück auf das Wesentliche reduzieren, die «Architektur» eines Stückes verdeutlichen, Gerüsttöne und Harmonien klarmachen und 3–4mal völlig übertrieben wiederholen (verdeutlichendes Mitspielen des Lehrers bei besagten Stellen)
- Umkehren von Wichtigkeiten, Nebensächliches hörbar werden lassen, Wichtiges in den Hintergrund treten lassen
- Umkehren von Artikulationsarten – legato statt staccato
- eine ganze Sequenz dynamisch oder agogisch (vom Spannungsablauf her) umkehren
- Phrasen oder Sequenzen mit dem ganzen dynamischen Inhalt im Rhythmus (mit Metronom) deklamieren, singen und dann spielen (Dynamik immer langsam, quasi in Zeitlupe üben)
- durch Rhetorik zu einer sinnvollen Phrasierung kommen (sinnvoll durch Einbezug des Atems)
- die Empfindung durch das Beschreiben einer Stelle mit Vorstellungshilfen (Bilder, Farben, Linien, Geschichten) vertiefen
- einen Zielton in neuer Dynamik (f-sp) lange aushalten, ohne weiterzuspielen, um sich ganz in die neu geforderte Dynamik zu vertiefen
- rhythmische Flexibilität üben, accelerandi und ritenuti «überspitzt» umsetzen (Vorsicht, bei Mangel an Taktfestigkeit keine Tempofreiheiten einüben!)
- Transposition in «Regionen», die stärkeren (oder zarteren) Ausdruck möglich machen
- eine Sammlung von Motiven oder Sequenzen mit ähnlicher Anforderung an Ausdruck und Interpretation zusammenstellen – vergleichen
- Tonbandkontrollen von Übungsaufnahmen des gesamten «Übertreibungsablaufes» (auch mit dem Lehrer gemeinsam in der Stunde abhören und besprechen)
- verbales Deuten einer Phrase – vom Lehrer auf Grund der Beschreibung bis zum gewünschten Effekt umsetzen lassen.

Bei der Methode des Über- bzw. Untertreibens muß ganz besonders darauf geachtet werden, daß der Körper locker bleibt:
- nach jeder Übungssequenz kontrollieren, ob ohne Spannung irgendeines Körperteiles gearbeitet wird (Spannungsausgleichsübungen einschalten!), auch während des Übens tun Unterbrechung und Kontrolle gut. (Pianisten sollten bei einzelhändigem Üben darauf achten, daß der Körper – auch die Mundpartie – locker und entspannt ist.)

8.10.4. Die Schulung des Geschmacks

«Über Geschmack läßt sich nicht streiten» – ein vielzitiertes Sprichwort. Für uns Lehrer sollte dieses Zitat heißen: «Über Geschmack läßt sich streiten», muß diskutiert werden, um im musikalischen Gestaltungsprozeß zu einer klaren Entscheidung zu kommen. Geschmacksrichtungen können diametral auseinander gehen, das ist sogar in vielen Bereichen von Vorteil. Wir sollten diese Richtungen in unserem Fach möglichst leidenschaftslos aufzeigen, ohne zu urteilen.

In erster Linie muß der Zeitgeschmack einer jeweiligen Epoche erkannt werden, um in der Interpretation einen bewußten Ausgleich zwischen persönlichen Ansichten und gegebenen Anforderungen zu ermöglichen.

Das setzt den sorgfältigen Aufbau eines Repertoires mit breiter stilistischer Streuung voraus, bei dem auch die Auseinandersetzung mit zeitgenössischer Musik nicht fehlen darf. Neuzeitliche Musik weist meistens keine vorhersehbaren oder vertrauten Strukturen auf und zwingt zu außerordentlich sorgfältiger Arbeit in bezug auf das Lesen, Erfassen und Umsetzen. Zudem entläßt sie den Ausübenden oft in eine unvorhergesehene Eigenständigkeit. Diese Faktoren ermöglichen positiven Rückbezug zu vertrauten Spielformen und beeinflussen – durch Annäherung und Entfremdung – ohne Frage den persönlichen Geschmack. Es ist darum wichtig, schon den Anfänger und Jugendlichen neuzeitliche Musik spielen zu lassen.

Entscheidend für die Entwicklung und den Reifeprozeß des Schülers ist immer wieder die offene Diskussion, die Widersprüche zuläßt.

Wir verweisen wiederum auf einige Methoden zur Schulung des Geschmacks:

- Vermitteln und Üben von stilistischen Ausdrucksvarianten (Parallelen in Architektur, Literatur und Kunst suchen und einbeziehen)
- Üben von eigenen Ausdrucksvarianten («gefühlsmäßiges» oder «kühles» Spiel, übertrieben üben, das Gefühl für ein vertretbares Maß an Abweichungen vom Notentext wecken und entscheiden, wo Grenzen zu setzen sind)
- Erarbeiten von Agogik und Phrasierung nach Gefühl, 5–6mal wiederholen, bis sich eine Form herauskristallisiert, analysieren, warum sich diese Form vertieft

- Üben von rubati (Tempo rubato = geraubte Zeit) und den sofortigen Ausgleich (das «Einholen» der geraubten Zeit)
- Besuch von Konzerten, Hören von Platten oder Bändern, anschließend schriftliche Auswertung
- Beschreiben (schriftlich und mündlich) einer Interpretation
- Vergleichen von vorgespielten oder selber gespielten Interpretationsformen
- Kritik sofort spielpraktisch am Instrument vorführen – auswerten.

8.10.5. Das Festlegen einer Interpretationsform – die definitive Gestaltung

Eine gewählte Ausdrucksform muß festgelegt und so vertieft werden, daß das Einstellen auf ein Publikum und die Varianten, die dadurch oft entstehen, nicht verunsichern. Gut geübte Interpretationsformen lassen Flexibilität zu.

Es ist wichtig zu überprüfen, ob die erarbeitete Form auch bei Varianten zuläßt, technische und interpretatorische Aufgaben gleichzeitig umzusetzen.

Im Kapitel «Festlegen» wurden Methoden und Inhalt ausführlich behandelt. Hier noch einmal die wichtigsten Punkte in Zusammenhang mit dem Festlegen einer Interpretationsform:

1. Vorstellen und Durchdenken der Variante, alle Einzelheiten in Erinnerung rufen (auch Körpergefühl und Kraftverteilung)
2. Singen oder Deklamieren (bewegen)
3. Vorübung spielen
4. Definitive Form spielen

Im weiteren:

- Eintragungen der gefundenen Lösung in den Notentext (Dynamik, Phrasierung, Fingersätze, Atemzeichen, Bogenführung etc.)
- die dazugehörenden Bilder, Vorstellungen oder «Haltungen» mit Zeichnungen, Worten, Karikaturen im Text oder auf einem Beiblatt festhalten (diese Arbeit auch als Aufgabe für die nächste Stunde stellen)
- Melodiebögen, wiederkehrende Motive oder Themata im Notentext hervorheben
- Vorübungen festlegen («Strichcharakter» auf einem Ton spie-

len, die Bogeneinteilung für z. B. ein Crescendo aufzeichnen, besonders geeignete Einblasübungen festlegen, Motive mit gleichem Fingersatz transponieren etc.).

8.10.6. Das Üben und Vertiefen einer festgelegten Interpretationsform

- alle Vorübungen als Vertiefung – zunächst vor jedem Spiel – wiederholen
- einzelne Stellen 3–4mal wiederholen, dann den Gesamtablauf spielen (auch Bandausschnitte von eigenen Aufnahmen 3–4mal anhören)
- immer wieder ohne Instrument arbeiten, um sich ganz auf den Ausdruck konzentrieren zu können (meist wird viel zu schnell wieder zum Instrument gewechselt)
- die Variante bewußt in unterschiedlichsten Gefühlslagen spielen (auf Veränderung von Tempo und Ausdruck achten! – Manchmal hilft das Spiel eines fröhlichen Stückes sogar, eine schlechte Stimmung zu überwinden)
- sich einen Teil des Stückes (z. B. den Anfang) nur vorstellen, dann mit dem Instrument weiterspielen (auch das muß, im Sinn des Übens und Automatisierens, 3–4mal wiederholt werden).

8.10.7. Das Vorspiel

Eine Interpretationsform muß reifen können. Zu frühes Vorspiel stört diesen Prozeß, hilft aber manchmal auch, auf allerdings nicht immer angenehme Weise, Klarheit zu schaffen. (Das ist auch beim Vorspiel zu Hause zu bedenken!)

Ein Lehrer muß sich darum überlegen, wann und womit er einen Schüler vor Publikum spielen läßt (siehe Kapitel «Repertoirestücke»). Fertige Interpretationsformen, die sich «gesetzt» haben, sollten allerdings so oft wie möglich vorgespielt werden, um Erfahrung vor Publikum zu sammeln.

Das wird eine positive Rückwirkung auf die Arbeit an der Gestaltung haben. Auch der Lehrer erfährt in diesem Moment oft weit mehr über einen Schüler als im Laufe vieler Unterrichtsstunden.

Jede Stufe des Könnens schließt die Möglichkeit zur Interpretation ein.

Der Interpret hat heute in besonderem Maß die Aufgabe, spontanes Erleben zu vermitteln. Wiederholbares Hörerlebnis durch Musikkonserven wird wohl kaum anregender sein als das Miterleben einer Interpretation, mit allen unvorhersehbaren Eventualitäten, aber auch mit der Möglichkeit von «großen Momenten».

8.11. Vom Umgang mit dem Körper

8.11.1. Die Haltung

Als Lehrer muß es ein besonderes Anliegen sein, die Haltung unserer Schüler zu verstehen. Es ist unsere Aufgabe ihnen zu helfen, sich selbst in ihrer Haltung [Körpersprache] kennenzulernen, da sonst negative Einflüsse entstehen können, die gelöstes Musizieren erschweren.

Hierzu einige Hinweise:
- Nehmen Sie sich die Mühe, die Körperhaltungen eines Schülers für sich zu beschreiben und dann zu beurteilen. Es lohnt sich auch, den Schüler in Sprache und Bewegung selbst nachzuahmen. Dabei fühlt man sich erstaunlich rasch in sein Wesen ein.
- Vergleichen Sie die sprachliche Äußerung mit dem körperlichen Ausdruck:
  Ein Schüler beteuert laut, daß ihm das Stück gefalle, schiebt aber gleichzeitig die betreffenden Noten weg.
  Ein Kind sagt, es gefalle ihm in der Stunde, zieht dabei aber eine Schulter hoch, senkt seinen Blick und schaut mich seitwärts über die Schultern an . . .
- Beobachten Sie Veränderungen der Körperhaltung bei sehr bestimmten Aussagen Ihrerseits:
  «Du sollst nun endlich an dieser Übung arbeiten!» – Sie beobachten, daß der Nacken des Schülers steif wird und der Kopf sich senkt («halsstarrig», «er bietet mir die Stirn»), oder daß er sich ausgerechnet dann intensiv am Bauch reibt («es liegt ihm etwas auf dem Magen», «es ist ihm etwas über die Leber gekrochen»).

Jedes Körperverhalten steht in bezug zu einer Umgebung, also gilt es, die räumliche Situation bewußt in die Beobachtungen mit einzubeziehen:
- Überlegen Sie sich, ob das Übungszimmer genügend Spielraum für «Territoriumsansprüche» der verschiedenen Charaktere zuläßt, oder ob evtl. zuviel Raum vorhanden ist, wodurch Unsicherheit entstehen kann.

– Vorsicht bei der Deutung; interpretieren Sie nicht sofort. Behandeln Sie eine körperliche Aussage wie eine verbale. Machen Sie Ihren Schüler auf seine Körperaussagen aufmerksam, indem Sie sie *beschreibend* aussprechen (z. B. «Du runzelst die Stirn?») – er wird Ihnen meistens die Antwort liefern.

Fehlhaltungen eines Schülers werden, langfristig gesehen, Schaden anrichten. Es ist darum unsere Aufgabe, solche Fehlhaltungen kontinuierlich zu korrigieren. Dabei muß unterschieden werden, ob der Schüler

– auf eine im Moment gegebene Situation mit einer bestimmten Körperhaltung reagiert
– ob seine Haltung eine bestehende Grundhaltung ist
– ob eine Fehlhaltung in bezug auf sein Instrument besteht

Das Bewußtwerden einer Fehlhaltung wird durch «Spiegelung» seitens des Lehrers oft spontan möglich. Die Korrektur der Haltung, vom Schüler am Lehrer, hilft dem Schüler Scheu zu überwinden und Verantwortung für sich selbst zu übernehmen.

Korrekturen einer Haltung sind immer langsam zu vollziehen, da jedes Korrigieren einer Fehlhaltung zunächst zur Unsicherheit führt. (Die gewohnte Fehlhaltung wurde als normal und richtig empfunden.) Das langsame Erreichen der erwünschten «Zielhaltung» geschieht am besten in 4 Phasen:
1. die unerwünschte Haltung verstärken
2. langsames Lösen in Richtung Zielhaltung – *Verbleiben* in der immer noch «unbequemen» Haltung
3. sich erneut langsam etwas verbessern – *Verbleiben* in immer noch nicht idealer Haltung
4. langsam, endgültig *die gute Haltung einnehmen,* diese dann bewußt empfinden

Es bedarf vermutlich keiner besondere Erwähnung, daß gerade dieser Übungsprozeß immer wieder, sowohl in der Stunde als auch zu Hause, bewußt vollzogen werden muß.

Es ist im Rahmen dieses Buches nicht möglich, eine umfassende Darstellung der Ausdrucksformen des Körpers aufzuzeigen.

Wir verweisen an dieser Stelle auf folgende Sachbücher:

H. Strehle, «Mienen, Gesten und Gebärden» (5. Auflage, München/Basel 1974)

A. Stangl, «Die Sprache des Körpers» (Knaur Sachbuch 4101, 1977 Econ-Verlag GmbH, Düsseldorf und Wien)

8.11.2. Spannungsausgleich

Unser Leben sowie auch unser Körper werden weitgehend durch den Wechsel von Spannung und Lösung der Spannung bestimmt. Wenn der «Spannungszustand» auch den «Lösungszustand» in sich birgt, können wir uns mit einem Pendel vergleichen, das in gleichbleibender Bewegung schwingt. Daraus folgt, daß völlige Entspannung zu vermeiden ist, da in diesem Zustand keinerlei Aktivität mehr möglich ist. (Stellen wir uns z. B. eine Geige mit völlig entspannten Saiten vor!)

Überspannungen andrerseits, die bis zur Verkrampfung führen und jede Informationsaufnahme total blockieren, bedürfen dringend des Ausgleichs.

Alle Übungen müssen also Spannungsausgleiche zum Ziel haben, die ein «Weiterschwingen des Pendels» ermöglichen.

Hierzu die wichtigsten Hinweise:

Verstärkung und Lösung
Die Spannung zuerst intensiv erhöhen, dann langsam lösen [siehe Korrektur von Fehlhaltungen]. Rasche und plötzliche Korrektur einer Spannung führt meist zu unerwünschten Spannungen anderer Körperteile.

Der indirekte Weg
Spannungsausgleich nicht auf Kommando oder direkt angehen! Der indirekte Weg führt zum Ziel. Spannungsausgleich kann nur entstehen, wenn die Spannung bewußt erlebt wurde (also nicht barsch befehlen: «Sitz gerade und locker»).

Seelische Spannungszustände lassen sich vielfach sofort durch willentlichen körperlichen Spannungsausgleich lindern, wie auch umgekehrt körperliche Verkrampfungen durch seelische Bezugnahme gelöst werden können.

Intensivierung durch bildliche Vorstellung
Die Vorstellungskraft kann helfen, einen Prozeß zu vertiefen, und ermöglicht oft, an gleicher Stelle wieder anzuknüpfen («versuche, dich von deinem Zentrum her lebendig zu empfinden», «versuche, dich königlich aufzurichten»).

Nicht nur Bewegungen führen zu Spannungsausgleich, sondern auch Kalt-warm-Behandlungen durch Luft und Wasser, Wechselbäder, kurz an die frische Luft gehen, sich im Bett ab- und zudecken usw.

8.11.3. Die Atmung

Atmen heißt Leben.

Unser Atemgeschehen läuft meist unbewußt ab, wird aber durch jede Regung geistiger, seelischer oder körperlicher Art beeinflußt.

Beim Musiker wird, je nach Instrument, eine besondere Aufmerksamkeit auf das Atemgeschehen gerichtet. Für Sänger und Bläser gehört diese Bezugnahme zur optimalen Möglichkeit der Interpretation.

Es handelt sich hier um den *bewußt geführten Atem,* der willentlich, je nach Körperverfassung, eingesetzt werden kann. Wenn wir vor Schreck den Atem anhalten, blockieren wir dadurch einen Moment lang unsere ganze Aufnahmefähigkeit.

Ein «strömendes» Ausatmen läßt Schwierigkeiten besser bewältigen. Wiederholtes Seufzen zeigt an, daß langes Ausatmen nötig wäre. Dies führt zum folgenden, sehr wichtigen methodischen Hinweis, der von *allen* Instrumentalisten im Übungs- und Aufführungsprozeß immer wieder bewußt eingesetzt werden sollte:

— Vor einer schwierigen Stelle einatmen, mit dem Spiel der schwierigen Stelle *bewußt* ausatmen! (Bläser und Sänger neigen z. B. dazu, vor schwierigen Passagen noch schnell einen – meist unbewußten – «Not-» oder «Angstatem» zu nehmen.)

Eine gute *Bauchmuskulatur* ermöglicht einen gut *geführten* Atem und eine gute Atemstütze. Hierzu einige Übungen:

Rückenlage
— abwechselnd das rechte und das linke Bein mit dem Einatmen heben, beim Ausatmen senken
— das rechte Bein anziehen, die linke Hand darüber legen, leicht nach rechts und links schaukeln; nach rechts einatmen, nach links ausatmen
— die Knie abwechselnd mit dem Einatmen aufstellen, während des Ausatmens senken
— mit dem Einatmen beide Beine heben, auf f ausatmen und *langsam* senken
— beide Beine anheben, die Füße aneinander, die Beine mit langsamer Kreisbewegung von innen nach außen senken.

Bauchlage
— sich auf das Kinn aufstützen, das linke Bein mit dem Einatmen zum rechten Winkel biegen, beim Ausatmen wieder zurücksenken (beide Beine abwechselnd).

Es ist klar, daß Spannungsausgleichsübungen sowie die Korrekturen von Fehlhaltungen erst durch die begleitende Atemfunktion zu wirklichem Erfolg führen werden. Wer sich mit Atem und Atemübungen beschäftigt hat, weiß, daß bei allen Übungen zunächst Fremdkontrolle nötig ist.

Jeder Lehrer wird mit eigenen Begriffen und Übungen arbeiten und über ein, im Laufe der Zeit erprobtes, spezifisches Vokabular verfügen. Sachbücher liefern hierzu die wissenschaftliche Fundierung. Die Erfahrung zeigt, daß oft scheinbar verschiedene Ansichten im Grunde doch in eine gemeinsame Richtung weisen.

Wir wollen hier mit einigen Übungen versuchen, uns in den nicht willentlich geführten, *natürlichen Atemprozeß* hineinzufühlen und so zu einem neuen Körperbewußtsein zu kommen. Wir stützen uns dabei im wesentlichen auf Übungen von Professor Ilse Middendorf; sie lebt als Atemtherapeutin in Berlin und hat unter anderem jahrelang die Ausbildung von Sängern und Schauspielern betreut.

Der Atem besteht aus einer «Dreiheit»:

Einatmen – Ausatmen – Atempause (sehr oft vergessen wir, uns diese Atempause zu gönnen).

Das Einatmen belebt den inneren Raum des Menschen und bewirkt innere Sammlung.

Das Ausatmen ist extrovertierend, ist «Kraft im Raum».

Die Atempause ist Voraussetzung zu neuem Atemgeschehen, hilft uns, ruhig zu werden und den Spannungsausgleich (besonders im Rücken) zu ermöglichen.

Man übe sich also darin:
- Einatmen – Ausatmen (womöglich «tönend») – Atempause (warten, bis man wirklich wieder einatmen muß) – so oft Zeit und Lust dazu besteht.

Jede Dehnung bewirkt eine Einatmung (Tiere, z. B. Katzen, dehnen sich nach dem Schlafen selbstverständlich, meist begleitet von einem Gähnen).

- Dehnen und Räkeln – im Sitzen und im Stehen –, den ganzen Körper ausdehnen, so oft das Bedürfnis besteht.

- Gähnen bedeutet Spannungsausgleich im Körper. Möglichst viel und trotz gesellschaftlicher Etikette wohlig «zelebrieren»!

Sitzen im Gleichgewicht

Einen großen Teil unserer Zeit verbringen wir im Sitzen. Es liegt darum nahe, ganz besonders im Sitzen auf ausgewogene Körperhaltung zu achten, die den Atem ungestört fließen läßt. Hierbei spielt das Gleichgewicht eine entscheidende Rolle:

– *Im Sitzen*
  liegt der Schwerpunkt im Becken und auf den Sitzknochen. Becken und Sitzknochen bilden die Basis eines Dreiecks, dessen Schenkel sich im Scheitelpunkt des Kopfes treffen. Die Hände liegen so auf den Oberschenkeln, daß die Schultern nicht angespannt sind. Wird dieses Dreieck organisch aufgebaut, ergibt sich mühelos Gleichgewicht.

Wenn man gelernt hat, im Gleichgewicht zu sitzen, wird es möglich, die Aufmerksamkeit auf «innere» wie auf «äußere» Abläufe zu richten. (Viele der folgenden Übungen werden darum sitzend gemacht.)

Ein guter Stand sollte hingegen schon die Bereitschaft zum Gehen beinhalten.

– *Das Stehen*
  Das Gewicht ist auf die Fußballen verteilt, die Beine sind etwa in der Breite der Hüften gespreizt, die Knie sind locker (bei durchgedrückten Knien entsteht Hohlkreuz und damit Hochatmung), das Becken ist bei lockeren Knien etwas nach vorn gekippt und bewirkt dadurch eine leichte Wölbung des Kreuzbeins nach außen. Wer so steht, wird mühelos lange stehen können.

Die folgenden Übungen bauen sich von den Füßen zum Kopf hin auf, die Reihenfolge ist aber nicht verpflichtend.

– *Im Sitzen*
  Die Füße gut ausschütteln, beide Füße abwechselnd kneten und massieren, bis sie warm und leicht werden (ein Fuß hat immer guten Bodenkontakt); dies zweimal mit jedem Fuß.
– Zuerst die Unterschenkel, dann die Oberschenkel von unten her (d. h. vom Fußgelenk bzw. Knie) beide Beine je zweimal zum Herz hin mit den Fingerkuppen kräftig streichen; die Beine sollen gut durchblutet und leicht werden.
– Die Hände warm reiben, auf den Bauch legen, die eigene Mitte empfinden – Einatmen, Ausatmen und Atempause üben. Die Übung wiederholen.

- Auf einem Hocker sitzen (der Rücken muß frei sein), ein Knie anheben und bei senkrechter Rückenstellung mit beiden Händen umfassen, den Rücken nach hinten rund machen und dabei einatmen, sich nach vorn in die Ausgangsstellung zurückziehen und dabei geräuschvoll ausatmen (möglichst oft den Rücken mit der Einatmung aktivieren).

- *Partnerübung*
  Auf zwei Hockern Rücken an Rücken sitzen, möglichst nah beieinander in der Kreuzbeingegend, aber ohne Druck. Den eigenen Atemrhythmus beibehalten. Es entsteht Wärme, dadurch Dehnung und ein gutes Einatmen, der ganze Rücken wird belebt.

- *Im Stehen*
  Leichtes Federn (Wippen) mit den Fersen, dazu ein starkes f oder ft (auch sch-scht) sprechen; es entsteht eine Rhythmisierung des Atems. Auch federnd, mit Gewichtsverlagerung nach rechts und links, zu üben. Je nach Temperament bis zum Hüpfen steigern.

- Im Sitzen oder Stehen
  Laut und kräftig die Konsonanten p-t-k sprechen; das aktiviert den Rücken und die Zwerchfellmuskulatur. Auch als «Partnergespräch», Rücken an Rücken, üben.

- Mit dem Einatmen in die Hocke gehen, die Hände auf den Oberschenkeln abstützen, beim Hochkommen ausatmen. Auch in die Hocke springen und zurück nach oben kommen – das hilft, Spannungen im Kopfbereich zu lösen.

- Die Füße dicht nebeneinander, *langsam* einen Fuß am andern vorbeischieben, ohne den Bodenkontakt zu verlieren, den eigenen Atemrhythmus beibehalten. Das ist ausgezeichnet für die Wirbelsäule.

- *Sitzen*
  Mit warmgeriebenen Händen abwechselnd kräftig unter den Schlüsselbeinen reiben, die Hände dort (nacheinander oder gleichzeitig übers Kreuz) hinlegen und versuchen, in die entstehende Wärme «hineinzuatmen». Das löst Verspannungen im oberen Brustkorb.

- Sich selbst – oder einem Parnter – mit lockerem Handgelenk den

Schultergürtel (unterhalb der Halswirbel bis zu den Schulterblättern) und den oberen Brustraum mit den Fingerknöcheln (mit dem Schwung immer aus dem Handgelenk heraus) nicht zu zart beklopfen. Das lockert die Atemräume.

– Die Arme locker hängen lassen, mit dem Einatmen die Hände leicht nach außen drehen (die Schultern dabei nicht hochziehen!). Beim Ausatmen die Hände in die Ausgangslage zurückdrehen. Das ist gut für «freie» Schultern.

Zum Schluß dieser kleinen Zusammenstellung sei darauf hingewiesen, daß jedes Lächeln ein gutes Einatmen ermöglicht (ein verkrampfter Mund blockiert den ganzen Atemvorgang und somit auch die Informationsaufnahme) und dadurch nicht nur positiv nach außen, sondern auch nach innen wirkt.

Zur Vervollständigung des Kapitels geben wir noch *3 Beispiele von bekannten Dehnübungen:*

– Die Hände auf dem Kopf gefaltet, fest auseinander ziehen, einatmen, den Atem anhalten, die Spannung etwa 10–20 Sekunden aushalten, langsam loslassen und langsam ausatmen.

– Die Hände auf dem Kopf gefaltet, sich seitwärts dehnen und, wenn möglich, gähnen.

– Ruhig stehen, die Arme baumeln lassen, die Augen schließen, ruhig ein- und ausatmen (die Atempause nicht vergessen). Sich langsam nach vorne beugen, soweit das ohne Anstrengung möglich ist, ruhig weiteratmen, sich nach unten hin spannen und den Boden zu berühren versuchen. Heftige Bewegungen vermeiden, so stark wie möglich spannen und allfällige leichte Schmerzen in den Schenkeln und Waden aushalten. Langsam ausatmen. Jetzt sich ganz langsam aufrichten und einatmen, eine Weile still stehen, die Augen öffnen.

8.11.4. Die Feinmotorik

Oft vernachlässigen wir das ganze Gebiet der Feinmotorik (Geschicklichkeit, Tastgefühl, Sensorik usw.). Hier sind Ideen zum Thema: *Lockerung der Finger – Geschicklichkeit, Tastgefühl – mit Hilfsmaterial* (nach Beatrice Rusjan), die gleichzeitig helfen, die Hände warm werden zu lassen.

Mit der Handtrommel
- Regengeräusch-Imitation (Feinmotorik, Koordination)
- Wind-Imitation
- Rhythmen mit vier, drei oder zwei Fingern spielen (mit präzisem Randschlag). Dasselbe mit einzelnen Fingern.

Mit Lineal oder Bleistift
- Lineal oder Bleistift horizontal oder senkrecht halten und zwischen den Fingerspitzen kreisen lassen, mit beiden Händen in beiden Richtungen (Feinmotorik, Koordination).
- Lineal oder Bleistift lautlos hinlegen und wieder wegnehmen (vom Boden, Notenständer, Tisch, Instrument usw.).
- Lineal oder Bleistift senkrecht zwischen den Finger halten, «schrittweise» nach unten gleiten lassen.
- Lineal oder Bleistift auf einer glatten Tischplatte mit den Fingerspitzen sorgfältig von Kante zu Kante bewegen (wenig Geräusch!).

Mit einem Luftballon
- Der Luftballon liegt ruhig auf der Handfläche. Die Kontaktpunkte spüren. Dann den Ballon leicht hinundhergleiten lassen.
- Den Luftballon von der Handfläche auf den Unterarm, und wieder zurück, gleiten lassen.
- Den Luftballon zwischen allen Fingerspitzen möglichst schnell kreisen lassen.
- Den Luftballon mit beiden Handflächen weich umfassen (mit einem Minimum an Kraft).
- Die Fingerspitzen berühren geräuschlos den Ball und entfernen sich wieder. Dasselbe auch mit einzelnen Fingern machen.
- Mit den Fingerspitzen Geräusche erzeugen.
- *Partnerübung:* Den Luftballon zwischen zwei Handflächen halten. Einer führt, der andere folgt (ohne den Ballon zu verlieren).

Mit einem Blatt Papier
- Das Blatt von der Handfläche gleichmäßig langsam auf den Unterarm, und wieder zurück, schieben.
- Das Blatt rechts mit Daumen und Zeigefinger halten. Loslassen und links wieder mit den entsprechenden Fingern ergreifen (Reaktion und Präzision der Fingerbewegungen).
- Das Blatt vom Handrücken auf die Handfläche bringen, ohne die Hilfe der andern Hand (Reaktion!).

II. Teil

Ausgewählte erziehungswissenschaftliche Grundlagen

9. Der Mensch als Einheit von Seele (Psyche), Körper und sozialen Bezügen

Ausgehend von der Auffassung (in Anlehnung an E. H. Erikson, «Kindheit und Gesellschaft», 1965), das menschliche Leben als Wechsel von Spannung und Lösung der Einheit von (1) seelischem, (2) körperlichem und (3) sozialem Prozeß zu betrachten, versuche man im Unterricht soweit wie möglich ein psychologisch-pädagogisches Denken, quasi in Form einer «dreifachen Buchführung» anzuwenden. Diese dreifache Buchführung stellen wir im folgenden dar:

Im körperlichen Ausdruck, Handeln oder Kranksein erkennt man seelische Erlebnisse und Konflikte, deren Auswirkungen wiederum in der Art der Kontakte zu Mitmenschen (= Sozietät) und zur Umwelt ersichtlich sind. Bei der Einflußnahme auf Menschen – sei das als Musiklehrer, Arzt oder Psychologe – kann nie nur ein Bereich angegangen werden, ohne Auswirkungen auf die übrigen zu haben. Daher die Forderung an die genannten Berufsleute, möglichst alle drei Bereiche gleichermaßen zu beobachten, zu beeinflussen und zu pflegen.

Musik ist eine Möglichkeit, um mit anderen Menschen in Beziehung zu treten. Musikerziehung beinhaltet Auslösen von bewußten und unbewußten *seelischen Erlebnissen,* von Aufmerksamkeit gegenüber dem *Körper* beim Spielen des Instruments sowie Erfahren von neuen *sozialen Bezügen* mittels Musik.

9.1. Vorstellungsmodelle der Seele (Psyche)

Immer wieder wurde versucht, die menschliche Psyche, die sich im Körper ausdrückt und die sich durch die Beziehung zu anderen Menschen differenziert, in Modellen darzustellen. Diese Sprach- und Denkmodelle helfen dem Arzt, Lehrer und Sozialarbeiter, sich seelische Entwicklungen vorzustellen und sich Erkenntnisse zu verschaffen. Jedes dieser Modelle legt ganz bestimmte seelische

Zusammenhänge auf besondere Weise dar und hat demzufolge Vor- und Nachteile. Das nachfolgend ausgewählte Denkmodell möge im Sinne einer Anregung verstanden werden.

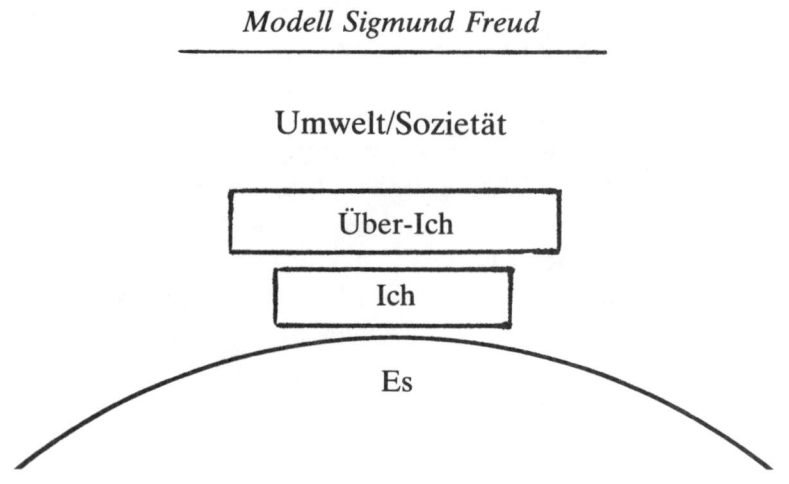

Das Über-Ich
umfaßt die Normen, die hineinverlegten Stimmen und Wertvorstellungen der Sozietät. Es leitete den Menschen im Sinne von «man darf . . .», «man darf nicht . . .». Man kann es teilweise mit dem Begriff Gewissen vergleichen.

Das Ich
ist der Überbrücker der Gegensätze zwischen Es, Über-Ich und Sozietät. Das Ich ist die Instanz, die neue, eigenständige Lösungen trifft, entscheidet, urteilt und etwa mit Begriffen wie Charakter, Persönlichkeit, Ich-Stärke, Ich-Schwäche, Entscheidungskraft andeutet.

Das Es
umfaßt die vererbten, befriedigten und unbefriedigten Bedürfnisse und Triebe. Es ist gleichsam die Basis, das große Reservoir allen psychischen Geschehens.

Im Über-Ich, Ich und Es gibt es bewußte und unbewußte Bereiche. Das Unbewußte kann nur indirekt, z. B. mit fremder Hilfe, durch Überprüfen des eigenen Handelns oder Analyse der Träume, teilweise erfaßt werden.

Das VN ist nochmals aufgeteilt in zwei gegensätzliche Reaktionssysteme, die im Wirken des *Sympathicus* und des *Parasympathicus* zutage treten. Sympathicus und Parasympathicus regeln den Lebensprozeß, den Wechsel zwischen Spannung und Lösung, zwischen Wachsein und Schlafen, zwischen Arbeit und Erholung usw. Das VN bewirkt, daß ein labiles Gleichgewicht zwischen beiden gegensätzlichen Steuersystemen aufrechterhalten wird.

Der *Sympathicus* aktiviert biologisch gesehen einerseits die Erhöhung des Blutdruckes, die Schweißproduktion, den Muskeltonus (bis hin zum nervösen Zittern), die innersekretorischen Drüsen (z. B. Adrenalinausschüttung) und reduziert andererseits die Verdauungs-, Leber-, Nieren- und Darmtätigkeit. Für den psychischen Bereich heißt das: Wenn ich kämpfe, liebe, spiele, hasse, fliehe, schafft der Sympathicus die körperlich-seelischen Voraussetzungen dazu.

Der *Parasympathicus* aktiviert seinerseits biologisch gesehen alle jene Bereiche im Organismus, die zur Entspannung und Wiedergewinnung von Kräften beitragen – die Ausscheidung von Giften und Ballaststoffen (z. B. Blutreinigung), die Leber-, Nieren- und Darmtätigkeit (reduziert aber demzufolge alle jene Bereiche, die der Sympathicus aktiviert). Für den psychischen Bereich heißt das: Wenn ich schlafe, wenn ich mich erhole, schafft der Parasympathicus die körperlich-seelischen Voraussetzungen dazu. Die vorhergehenden Ausführungen machen klar, daß der Körper sowohl von den Funktionen seines biologischen Ablaufes als auch von der Konsequenz dieser Funktionen geprägt wird. Er ist der faßbare Teil des Menschen. Überspitzt gesagt heißt das: Der Mensch ist sein Körper. Unsere Vorfahren haben die Einheit von Körper und Seele viel deutlicher empfunden. So drückten sie seelische Versteifungen (Fixierungen) in Worten wie «hartnäckig», «halsstarrig», «verbissen» aus, oder seelische Probleme (Konflikte, Frustrationen usw.) in Sätzen wie: «Es ist ihm etwas über die Leber gekrochen», «Es liegt ihm auf dem Magen», «Er kann es nicht verdauen, daß . . .» usw.

Wenn Seele und Körper eine untrennbare Einheit bilden wird klar, daß beispielsweise körperliche Krankheiten immer auch eine seelische Komponente einschließen (und umgekehrt). Sogar infektiöse, durch Bazillen oder Viren bedingte Krankheiten befallen den Menschen ganz unterschiedlich. (Der eine Musiker erkrankt an Grippe ausgerechnet *vor* dem heiklen Konzert, der andere legt sich erst *nach* dem betreffenden Konzert ins Bett.)

9.2. Das Zusammenwirken von Körper, Seele und Sozietät

Im folgenden versuchen wir, die medizinische (körperliche), psychologische (seelische) und soziologische Betrachtungsweise in ihren Einzelbereichen sowie in ihrem Zusammenwirken näher zu erläutern. Grundsätzlich läßt sich die Psyche in einen *bewußten*, *vorbewußten* und *unbewußten* Bereich einteilen.

Im *bewußten* Bereich der Seele kann der Mensch willentlich bestimmte Wahrnehmungen tätigen, Erinnerungen (Gedächtnisteil) abrufen und seine Aufmerksamkeit auf etwas Bestimmtes innerhalb oder auch außerhalb seiner Person richten. Der Intellekt, das logische Denken, gehört dazu.

Der *vorbewußte* Bereich entzieht sich bereits dem willentlichen Zugriff. Seine Existenz wird bei spontanen Einfällen, Äußerungen oder Handlungen deutlich (z. B. plötzliches Summen einer längst vergessenen Melodie).

Der *unbewußte* Bereich schließlich entzieht sich unserem Zugriff. Höchstens indirekt realisieren wir seine Existenz, z. B. in Träumen, in Handbewegungen, in Stimmungen, in Sympathie- oder Antipathiegefühlen. Oft fallen unsere unbewußten Reaktionen nur unseren Mitmenschen auf, oder wir realisieren selbst, daß wir unser eigenes Verhalten «beim besten Willen» nicht verstehen können. Der größte Teil des Unbewußten bleibt uns unergründlich. Das Unbewußte beeinflußt den ganzen Menschen entscheidend. Gesundheit, Krankheit, Vertrauen, Mißtrauen, Glaube, Partnerwahl, Kreativität werden von hier aus gesteuert.

9.2.1. Das Nervensystem

Steuer-, Leit- und Verbindungssystem innerhalb und zwischen dem (untrennbaren) seelischen und körperlichen Bereich sind die *Nerven*. Wir unterscheiden das *zentrale* und das *vegetative* Nervensystem.

- Das zentrale Nervensystem (ZN) kann willentlich und direkt gesteuert werden (zentral gesteuert sind der ganze «Bewegungsapparat» und auch teilweise die Atmung).
- Das vegetative Nervensystem (VN) kann nur indirekt beeinflußt werden (vegetativ gesteuert sind z. B. die Herztätigkeit, die Verdauung, die Drüsen, Kälte- und Wärmereaktionen, das Immunsystem, die Haut usw.).

Der Mensch ist ein *soziales Wesen,* er versteht sich aus dem Zusammenleben mit anderen Menschen erst als Mensch. Sein Bewußtsein, seine Vorstellungen, seine Sprache und seine Grundstimmung werden durch die Interaktion mit anderen Menschen erst geprägt. Im Gegensatz zum Tier ist der Mensch ein «Mängelwesen». Er verfügt nur über angeborene Instinktrudimente, die ihm ohne fremde Hilfe ein Überleben nicht ermöglichen würden. Das Bewußtsein, das sich in zunehmendem Maße im Kontakt mit den Mitmenschen aus Gewöhnung, Intelligenz und Sprache bildet, hilft diesen Mangel zu überbrücken. Das Tier verfügt über ein intaktes Instinktsystem und ist darum – im Gegensatz zum Menschen – in wesentlich geringerem Maße präg- und veränderbar. Auf Grund seiner Unvollkommenheit könnte man den Menschen als nicht lebensfähig bezeichnen; dennoch kann er heute in allen Teilen der Welt existieren, ohne daß die Lebensbedingungen der jeweiligen Gebiete sein Dasein gefährden – dies auf Grund seiner Intelligenz und Kommunikationsfähigkeit. Er erhält also seine Chance aus der Sozietät. Hierbei handelt es sich nicht nur um äußere Lebensbedingungen, sondern um Prozesse im kleinsten sozialen Bereich, in der Auseinandersetzung mit dem anderen Menschen. In der Sozietät erfährt er ethische Prägung, Sinnerfüllung, Selbständigkeit und Offenheit, aber auch Trauer, Verzweiflung, Enttäuschung und die gerade dem Menschen greifbare Möglichkeit, sich bewußt umzubringen.

Abschließend eine verdeutlichende Skizze zum vorangegangenen Text.

9.2.2. Übersichtstabelle: Der Zusammenhang von Körper – Seele – Sozietät

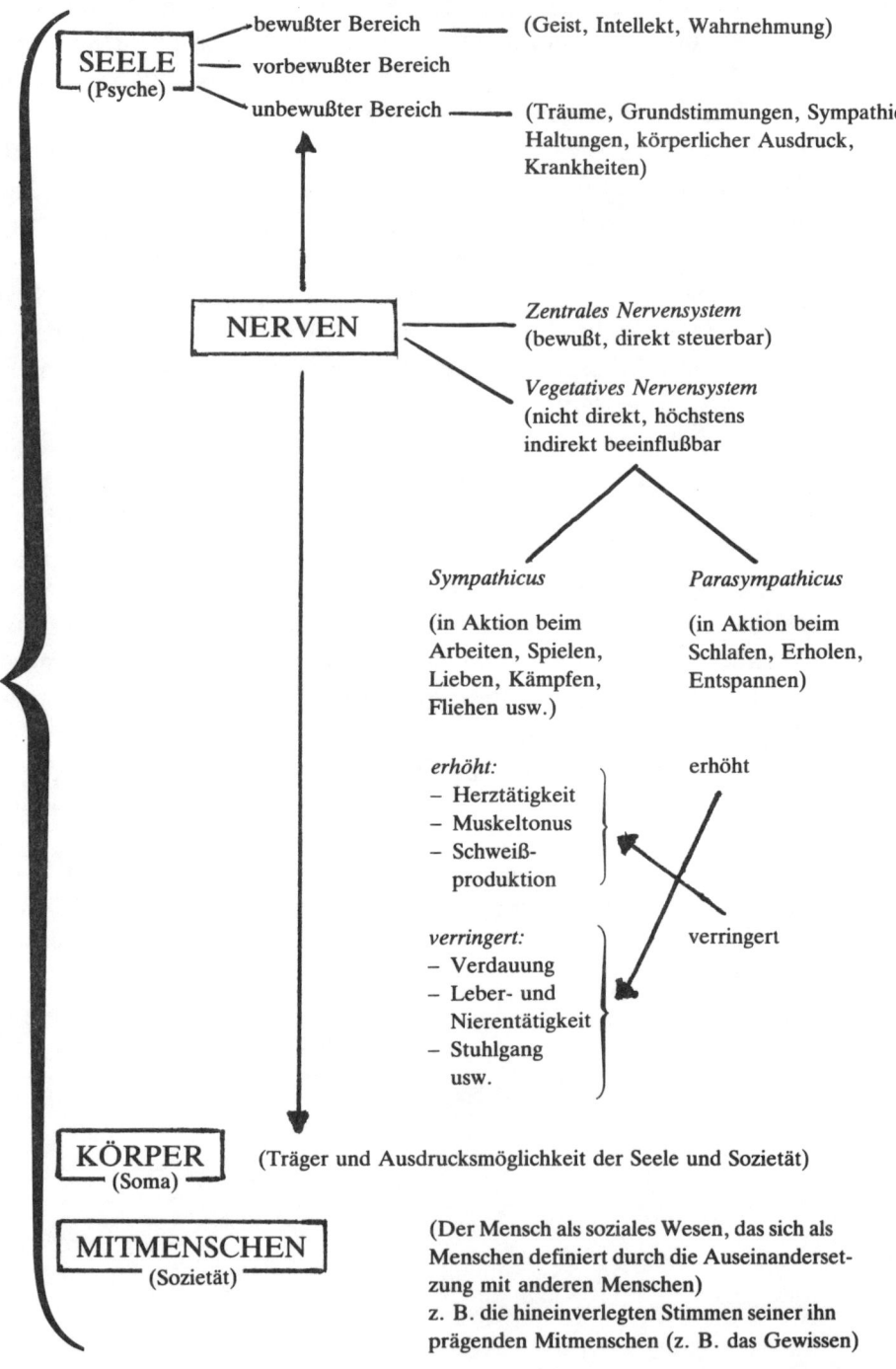

10. Entwicklungspsychologie

10.1. Zum Begriff Entwicklung

Als Lehrer beeinflussen wir Menschen. Wir spüren dabei, daß jeder Mensch in seiner Art einmalig ist; er erwartet anderes von uns und stellt uns in anderer Art in Frage. Wir wissen aus Erfahrung, was grundsätzlich ein Kind oder ein alter Mensch etwa benötigen. Wir kennen aus unserer eigenen Entwicklung die veränderten Ansprüche an einen Lehrer, unsere sich verändernde Einstellung zur Musik und zum Üben. Die Erfahrung und die Wissenschaft zeigen uns aber auch, daß in den verschiedenen Altersstufen eines Menschen sich alle Altersgenossen in einer gewissen Weise ähnlich sind, ähnliche Bedürfnisse, ähnliche Kommunikationsformen, ähnliche Lernarten und ähnliche körperliche Möglichkeiten haben. Dieses Wissen soll im vorliegenden Kapitel bestätigt und ergänzt werden.

Vorerst einige weitere grundsätzliche Überlegungen zum Begriff Entwicklung. Heißt Entwicklung, daß sich etwas aus dem Nichts bzw. aus dem Unvollkommenen zum Vollkommenen entfaltet? Oder heißt Entwicklung, daß sich etwas im Laufe der Zeit verändert? (Wobei jeder Entwicklungsgrad in sich etwas Eigenständiges und mehr oder weniger Vollkommenes ist, je nach angelegtem Wertmaßstab.) Wir schließen uns eher der zweiten Auffassung an.

Jedes Alter des Menschen hat seine Bedeutung und ist nicht so zu beurteilen, daß nur der erwachsene, sozusagen «ausgereifte» Mensch «vollkommen», «fertig entwickelt» und «am Ziel» ist. Nein, jedes Alter ist im Grunde eine mehr oder weniger vollkommene Art des Lebens, ein Leben mit alterstypischen Besonderheiten, die voll ausgelebt und genossen werden können. Daraus erwachsen für eine nächste Altersphase Kräfte, die wiederum eine interessante, aber andersartige Lebensweise ermöglichen. Aus dem Vergleich der verschiedenen Jahreszeiten wird uns bewußt, daß jede Jahreszeit ihren Reiz, ihre Vollkommenheit, ihre Besonderheit, aber auch ihre Herausforderung und ihre Konflikte hat. Kaum jemand wird beispielsweise nur sehnlichst auf den Herbst hin leben und nur an das Ernten der Früchte denken. Genauso ist es verfehlt, Kinder nur auf das Fernziel «Erwachsen-Sein» zu trimmen, Musikschüler auf die Zeit des «fertigen Musikers» zu vertrösten oder alte Menschen an ihre «verflossene Blütezeit» – wann war die denn überhaupt? – zu erinnern. Jung-Sein, Mittelalterlich-Sein und Alt-Sein haben ihren jeweils einmaligen Reiz und Sinn. Jedes Alter hat zudem für jeweils gleichaltrige Menschen ähnliche Besonderheiten, die es zu erkennen, zu entwickeln, durchzusetzen, zu stärken und vor allem schlichtweg zu leben und zu genießen gilt. Das eben Erlebte, das neu Gelernte und das eben in irgendeiner Weise Durchlebte bilden wiederum die Voraussetzung für Neues in einer weiteren Altersphase. Der Mensch als von der Sozietät und Kultur abhängiges Wesen entwickelt sich in einer Umgebung und im Kreis von Mitmenschen; er folgt dabei ganz bestimmten biologisch-psychologischen, alterstypischen Kräften, die genetisch festgelegt sind (z. B. der Geschlechtlichkeit, der zunehmenden Körpergröße, dem Absterben bestimmter Körperzellen usw.). In der Psychologie spricht man bei diesen biologisch festgelegten Veränderungen von «Fälligkeiten». Es wird etwas fällig, sich zu entwickeln; genauso wie in der Natur der Baum im Herbst die Knospen bilden muß, damit er im Frühjahr blühen kann – mit anderen Worten: die Knospenbildung wird fällig. In jeder – zeitlich noch genauer abzugrenzenden – Altersphase spielt sich grundsätzlich etwa folgender Ablauf ab:

1. Ganz bestimmte biologisch-psychische Voraussetzungen sowie in der Auseinandersetzung mit der Umwelt erworbene Kräfte bilden für die nun folgende weitere Lebens- bzw. Altersphase eine *neue Chance,* einen *neuen Ausgangspunkt:* Es wird etwas Neues *fällig.*

2. Diese Voraussetzungen (= Fälligkeiten) suchen *adäquate Entfaltungsmöglichkeiten* und reagieren auf solche in der Umwelt. Daraus entstehen Konflikte, ja manchmal eigentliche *Krisen,* die dem betreffenden Menschen eine Umorientierung und Anpassungsleistung abfordern.

3. Neue Formen der Lebensbewältigung werden entwickelt, eine neue Art der Selbständigkeit bildet sich heran, eine weitere Loslösung (Verlust) von Mitmenschen, verbunden mit einer neuen Art der Selbständigkeit, wird gefunden. Dabei wirkt die Umwelt sowohl fördernd wie auch hemmend mit. Das auf diese Weise gewonnene Lebensgefühl pendelt sich ein und stabilisiert sich. Aber schon regen sich neue Entwicklungsmöglichkeiten aus dem eben gefundenen Gleichgewicht, Entwicklungsmöglichkeiten, welche dem genetisch festgelegten menschlichen Entwicklungsplan folgen.

4. Siehe wieder unter 1.

Irgendwie gelingt es fast jedem Menschen, die unter 2. genannte Krise in einer günstigeren oder weniger günstigeren Form zu bewältigen («günstig» bzw. «ungünstig» sind von der jeweiligen Gesellschaft festgelegte Wertmaßstäbe). Man vergleiche dies etwa mit dem Wuchs einer Bergtanne, welche heftigen Natureinwirkungen ausgesetzt ist. Vielleicht ist im letzten Jahr der Stamm kaum gewachsen; dennoch wächst der Baum weiter und trägt den veränderten Umständen in einer immer wieder erstaunlichen und echt lebendigen Weise Rechnung.

Graphisch dargestellt vertreten wir eine Auffassung von Entwicklung wie folgt:

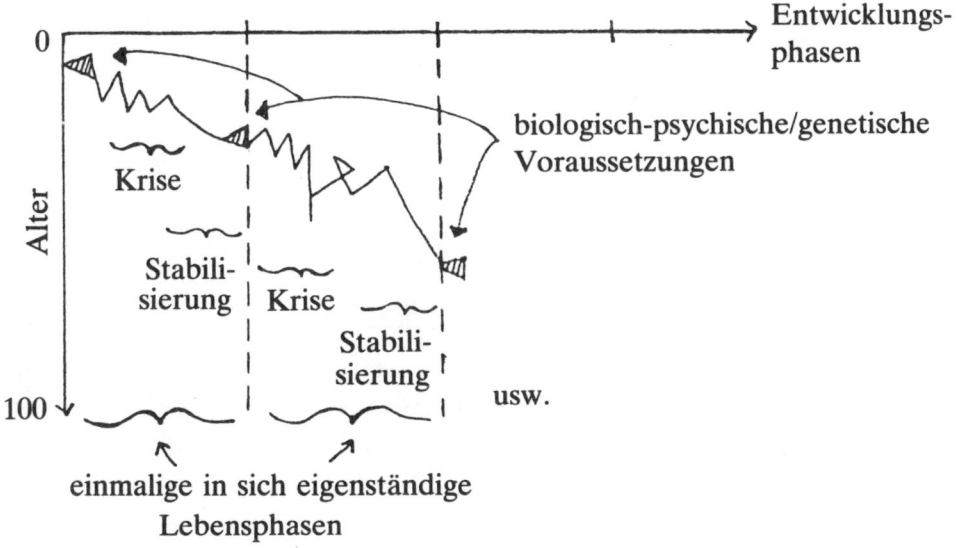

10.2. Die einzelnen Entwicklungsphasen

Im folgenden Text lehnen wir uns an das Modell der Entwicklungspsychologie von Erik A. Erikson, Kindheit und Gesellschaft, Klettverlag 1965, an. Die nachstehend aufgeführten Begriffe erfordern eine Klärung:

Fälligkeit: Die in der betreffenden Altersphase zur Entwicklung vorgegebenen, d. h. genetisch-biologisch festgelegten, seelischen und körperlichen Voraussetzungen, die zur Entfaltung drängen.

Krise: Das im betreffenden Alter *Fällige* drängt zur Entfaltung und muß sich in der Auseinandersetzung (Konflikten, die häufig zu vorübergehenden Krisen führen) mit der Umwelt oft mühsam etablieren. Die *Krise* spielt sich in einem Spannungsfeld *zwischen zwei Extremen* ab, in dem der betreffende Mensch im Laufe der Zeit seinen Weg und immer wieder sein Gleichgewicht suchen und finden muß (z. B. im ersten Lebensjahr heißt die Krise: findet der Mensch zwischen *Urvertrauen* und *Urmißtrauen* ein mehr oder weniger gesundes Vertrauen und wieweit hält er auch Urmißtrauensgefühle aus?).

In *Klammern* wird der von S. Freud verwendete Begriff für die entsprechende Phase aufgeführt. Im Gegensatz zu den meisten Entwicklungspsychologien, die am Ende der Pubertät (Freud) aufhören, versucht Erikson seine Entwicklungspsychologie über das ganze mögliche Leben eines Menschen auszudehnen und zeigt, daß auch im hohen Alter ganz bestimmte Krisen zu bewältigen sind.

Musik: Wir legen bei der Darstellung der Entwicklungspsychologie ein Schwergewicht auf die Entstehung der Beziehung zur Musik.

Altersphase: ca. 1. Lebensjahr

Fälligkeit: Urvertrauen als Grundlage für Antrieb und Hoffnung (orale Phase).

Krise: Urvertrauen gegen *Urmißtrauen*. Das Kind lernt seine elementaren Körperfunktionen zu beherrschen (greifen, kriechen, gehen usw.). Anfangs primär über den Mund (= oral) und den Hautkontakt erlebt der Säugling die Befriedigung seiner Bedürfnisse. Regelmäßigkeiten der Ernährung, des Hautkontaktes und der Bezugspersonen geben ihm die Gefühle von Konstanz, Kontinuität, Hoffnung und Geborgenheit.

Musik: Die Eltern und Geschwister erleben und pflegen die Musik als eigene Ausdrucksmöglichkeit und als Zuhörer. Musik wird für die Atmosphäre, in der das Kind aufwächst, direkt oder indirekt wirksam.

Altersphase ca. 2. Lebensjahr

Fälligkeit: Autonomie als Grundlage für den Willen (anale Phase).

Krise: Autonomie gegen *Scham und Zweifel*. «Festhalten» und «Loslassen» in allen Schattierungen, begonnen beim Festhalten und Loslassen von Gegenständen, Nahrung (= anal), Bezugspersonen, Tränen, Urin usw. Das Kind lernt unter liebevoller, geduldiger Anleitung durch seine Bezugspersonen auch zerbrechliche Gegenstände sorgfältig zu behandeln, freiwillig loszulassen oder festzuhalten. Es erprobt seine Eigenständigkeit (Autonomie), und je nach der Stärke des Widerstandes der Umwelt entsteht auch manchmal übertriebene Autonomie (dann spricht man von Trotz) oder es resigniert (zu wenig Autonomie). Dann wird das Kind eher verlegen, beschämt, und zweifelt an seiner Selbständigkeit (= Ansatz für mangelnde Selbständigkeit oder Überangepaßtheit). In dieser Zeit erfaßt das Kind auch grundlegende Gesetze, gewöhnt sich an eine gewisse Ordnung und lernt sich im Rahmen seiner näheren Umgebung und seiner Mitmenschen zu bewegen. Es erfaßt das Gefühl: «Ich bin, was ich unabhängig wollen kann.»

Musik: Auf Klänge hören und sie selber erzeugen (mitmachen, dabeisein, ausprobieren usw.). Da das Kind auf feinste seelische und körperliche Signale reagiert, erhält die Musik bereits einen relativ hohen Stellenwert als weitere Kommunikationsmöglichkeit. Zentral ist: Autonom-sein-Dürfen in der Welt der Klänge. Musikerlebnisse mit Musik und Musizierenden sollten nicht zum Negativ-Erlebnis werden, etwa im Sinne: «Still-sein-Müssen», «Nicht-eingreifen-Dürfen» oder durch die mit der Musik bedingte Abwesenheit der Bezugspersonen (z. B. weil die Mutter ausübende Musikerin ist und dadurch zu wenig zu Hause weilt).

Altersphase: ca. 3.–7. Lebensjahr

Fälligkeit: Initiative im Sinne von Richtung und Zweck des eigenen Verhaltens; Erfassen und Ausprobieren der verschiedenen Rollen der Mitmenschen (genitale Phase).

Krise: Initiative gegen *Schuldgefühle*. Im Erleben und Ausprobieren der verschiedenen Rollen, die es im Leben gibt (Vater-, Mutter-, Männer-, Frauen- [genital], Briefträger-, Autofahrer-Rollen, die Rolle des Mächtigen, Ohnmächtigen, Armen, Reichen, Dummen, Schlauen, Ehrlichen usw.), erfaßt das Kind die ihm in der Welt zur Verfügung stehenden Möglichkeiten, ein Zweck, eine Bedeutung, eine Wichtigkeit zu sein, oder mit Initiative Einfluß zu nehmen. Miteingeschlossen in diese Rollenerlebnisse sind immer auch Wertvorstellungen (wie ehrlich−unehrlich, bescheiden−angeberisch, treu−untreu usw.). Bei Mißachtung dieser Werte, ver-

bunden mit ungeschickten Reaktionen der Mitmenschen, können sehr belastende Schuldgefühle entstehen, die das Kind stark hemmen oder massiv in lähmende Abhängigkeitsgefühle drängen können. Das Kind entdeckt die typische Geschlechterrolle (Mann–Frau; daher genitale Phase genannt), und die Sexualität im Gefühl:
«Sich-heran-Machen», «Eindringen», «In-Besitz-Nehmen», «Kokettieren», «Für-Sorgen», «Lieben», «Beschützen»; aber auch «Treuelosigkeit», «zotiges Reden», «Unterdrückt-Sein», «Gewalttätig-Werden» usw. wird im genauesten Beobachten und Imitieren der Mitmenschen – insbesondere von Vater und Mutter – erfaßt und selber angewendet. Die ganzen Einstellungen (= Haltungen) zu Materialien, Lieblingsbeschäftigungen, Berufsrollen, Kontaktformen mit Mitmenschen usw. werden in dieser Phase ausprobiert, ausgewählt und grundlegend gelernt. Daß dabei die Vorbilder (= Mitmenschen) eine geradezu unheimlich prägende Wirkung haben, liegt auf der Hand. Wie lernt das Kind? Primär durch Identifikation oder Nachahmung. Es spielt die (Lebens-) Rollen ganz ernsthaft. Daher wird dieses Alter auch als «Ernst-Spiel-Alter» bezeichnet. Es gilt ernst mit den Gefühlen. Die für die Imitation der Rollen später notwendigen Fertigkeiten haben für das Kind vorerst noch keine wesentliche Bedeutung; z. B. beherrscht das Kind die beruflichen Fertigkeiten eines Lastwagenchauffeurs sicher noch nicht, aber die mit dem Beruf Lastwagenchauffeur verbundenen Gefühle (Mächtigkeit, Toleranz, Hilfsbereitschaft, oder das Gegenteil!) werden grundlegend erlebt und einverleibt.

Musik: Jetzt wird es ernst mit der Musik im Erleben des Kindes. Der geliebte oder gehaßte musizierende Mitmensch, den das Kind erlebt, annimmt, ablehnt, nachahmt (im Sinne von so tun, wie . . .), und eigene einfache musikalisch-technische Leistungen (die vorwiegend auf Identifikation und Nachahmung beruhen) werden wichtig. Dabei stehen gefühlsmäßige Einstellungen (daraus werden spätere Grundeinstellungen) zur Musik und den musizierenden Mitmenschen im Vordergrund. Die Intensität und Tiefe dieser Gefühle bestimmen, wieweit nun ganz konkrete erste und sehr ernst zu nehmende Leistungen vom Kinde erbracht werden. Das Maß zwischen «so-tun-als-ob» und den konkreten musikalischen Leistungen ist individuell verschieden. Überforderung, aber auch Unterforderung (keine konkrete musikalische Leistung fordern) sind Gründe für eine Abwendung von der Musik. Leistungsmäßige Gleichschaltung von Kindergruppen sind eher zu vermeiden, da jedes Kind ganz unterschiedliche Bedürfnisse hat, wieweit es schon konkrete musikalische Fertigkeit (wie z. B. Notenlesen, rein singen, Rhythmus, richtig trommeln usw.) wirklich lernen und beherrschen will. Aber es gibt Kinder, die ganz konkret leistungsmäßig gefordert werden wollen. Sie möchten z. B. «richtig» singen, Klavier ab Noten spielen, ein Saiteninstrument ganz professionell bedienen usw. Da die Kinder primär durch Nachahmen und im Rollenspiel lernen, gibt es für alle Gruppenmitglieder irgendeine Rolle im gemeinsamen Musizieren, in welcher eine dem Kinde invididuell angepaßte musikalische Fertigkeit konkret verlangt, gelernt und beherrscht werden muß. Viele Kinder wenden sich von der Musik gerade auch darum ab, weil noch nichts Konkretes, d. h. eine ganz bestimmte einfache Technik, wirklich eingeübt wird. Das Kind hat ein sehr feines Sensorium, ob es ernstgenommen wird und man nicht einfach «nur spielt» mit ihm. Auf jeden Fall müssen von den Kindern gewählte Rollen ernstgenommen werden. Das Kind soll sogar auf seine frei gewählte Rolle verpflichtet und bezüglich den dazu notwendigen Fertigkeiten – zwar individuell verschieden, aber konsequent – ausgebildet werden. Üben besteht primär aus richtigem, erfolgreichem Wiederholen. Die Übungsgesetze gelten auch für dieses Alter. Nur muß das Wiederholen und allfällig notwendig werdendes Vereinfachen-Müssen geschickt in eine geeignete Geschichte oder Rolle eingebaut werden (z. B.: Der Turmwächter des Königspalastes muß seine Fanfare [gespielt auf einer Kindertrompete mit drei Tönen] viermal wiederholen, bis alle Bewohner des Schlosses sie gehört haben. Aber schon kommen wieder neue Gäste; also nochmals viermal eine Fanfare und, weil der Trompeter etwas müde ist, spielt er, da es beim erstenmal nicht ganz geklappt hat [dies denkt *nur der Lehrer*] die Fanfare jetzt nur noch auf einem Ton usw.).

Altersphase: ca. 7.–14. Lebensjahr

Fälligkeit: Tätigkeit im Sinne von *konkreter,* faß- und vergleichbarer Leistung. Es geht hier um konkretes Können und um Methode (Latenz-Phase).

Krise: Leistungsfähigkeit (Tätigsein) gegen *Minderwertigkeitsgefühle.* Das Kind entwickelt seine Arbeitshaltung. Es nimmt Einfluß mit realen, meß- und vergleichbaren Leistungen. Es ordnet sich in eine Gruppe (z. B. Gleichaltrige) ein. Die Gruppe wird zum Maßstab. Das Kind will in der Gruppe mit seinen Leistungen ankommen. Das Materialgefühl, Methoden zur Bearbeitung von Materialien, Gedächtnisleistungen, intellektuelle Pfiffigkeit und körperliche Geschicklichkeit werden differenziert und geübt. In keinem andern Alter sind bessere Voraussetzungen vorhanden, um irgendwelche Techniken zu automatisieren bzw. zu trainieren durch emsiges Wiederholen. Die Knaben pflegen eher Kraft- und Mutproben, wagen heikle Experimente, versprühen in unermüdlichen Aktivitäten ihre Kräfte; die Mädchen nehmen eher in Besitz und Beschlag, verteidigen das eben Gewonnene, üben (oft übertrieben) Angepaßtheit oder betont das Gegenteil, kritisieren und werten mit sehr sachlichen Argumenten usw. In der Auseinandersetzung mit den faßbaren Leistungsmöglichkeiten und den damit verbundenen Stellungen (Rollen) in der Gruppe entsteht ein Gefühl, das sich etwa in folgendem Satz umschreiben läßt: «Ich bin das, was ich zum Funktionieren bringen kann.»

Wenn nun ein Kind die Leistungsnormen – seien letztere von der Gruppe der Gleichaltrigen oder vom Erzieher (Vater, Mutter, Lehrer, Pfadfinderführer usw.) aufgestellt worden oder nicht – auf die Dauer nicht erfüllen kann, so besteht die Gefahr von tiefgreifenden Minderwertigkeitsgefühlen. Obwohl Kinder in diesem Alter wenig oder nichts von Gefühlsäußerungen wissen wollen und scheinbar nur eine geringe Gefühlstiefe signalisieren, werden Mißerfolgserlebnisse – ausgelöst durch minderwertige Leistungen – überaus heftig empfunden. Aus diesem Grunde können Wettspiele, Wettkämpfe und Leistungsprüfungen sehr gefährlich werden. Vor allem den Kompensationsmöglichkeiten zwischen mangelhafter Leistungsfähigkeit und einem anderen erfolgreicheren Leistungsbereich muß gebührende Aufmerksamkeit geschenkt werden. Vorsicht: In diesem Alter dürfen Kinder unter keinen Umständen vor anderen bloßgestellt werden. Kritik *und* Anerkennung sollten möglichst unter vier Augen erfolgen. In unserer städtischen und vorstädtischen Gesellschaft kommt eine weitere Erschwernis dazu. Das Kind ist – wegen Verbotes von Kinderarbeit in Industrie und Gewerbe – dazu verdammt, «spielen zu müssen» und «Kind sein zu müssen». Die konkrete Arbeitsleistung eines Kindes kommt vorwiegend nur noch in ländlichen Verhältnissen dazu, wirklich ernstgenommen und geschätzt zu werden. Hier zahlt sich Kinderarbeit noch aus.

Wissen, Können und Leistungsfähigkeit bedeuten in diesem Alter oft auch Macht oder – sofern das Gegenteil der Fall ist –

Ohnmacht. Somit lernt das Kind in diesem Stadium gerade mit derartigen Gefühlen richtig umzugehen. Vor allem dem Mißbrauch dieser Macht gilt es durch Vorbildwirkung Einhalt zu gebieten.

Musik: «Ich bin in der Musik das, was ich wirklich spielen und im Vergleich mit Altersgenossen vorzeigen kann.» Die vergleich-, meß- und konkret hörbare Leistung steht im Zentrum. Der Lehrer ist der Vermittler, damit der Schüler via konkreter Leistung zu dem Gefühl kommt: «Ich kann etwas zum Tönen bringen.» Nicht primär, daß der Lehrer geliebt werden kann, sondern daß er der echte Helfer wird, der dem Schüler zur Leistungsfähigkeit verhilft, ist jetzt wichtig. Konkrete Erfolgs- bzw. eben auch Mißerfolgserlebnisse werden entscheidend für die grundsätzliche Umgangsart mit Macht- und Ohnmachtsgefühlen (Mißerfolgsgefühle). Der Musiklehrer kann hier sachte regulierend Einfluß nehmen; so auch etwa, wenn die erfolgreichen Musikleistungen als Ausgleich zu schlechten Schulleistungen dienen sollen.

Die Wahl des Musikinstrumentes oder der Art der Musik sowie der Stücke trifft der Schüler in diesem Alter häufig auf Grund von Gruppennormen. Man ist «in», wenn man Gitarre, Rockmusik, Ländler, Schlager oder «Klassisches» spielt. Diesem Punkt sollte der Instrumentallehrer ganz besondere Aufmerksamkeit schenken. In jeder Art von Musik kann etwas erlebt, gelernt und sorgfältig interpretiert werden. Natürlich ist damit die Forderung an den verantwortungsvollen Musiklehrer verbunden, in praktisch jeder Art und Stilrichtung der Musik wenigstens die elementarsten Kenntnisse und Fertigkeiten zu besitzen, damit er das Kind am günstigsten Ort «abholen» kann. Oder dann soll der betreffende Lehrer dafür sorgen, daß der Schüler zeitweise bei einem professionellen Vertreter der entsprechenden Stilrichtung ausgebildet wird. In diesem Alter genießen die Kinder – sofern richtig angeleitet – ihr Spiel, die damit verbundene Motorik und ihre eigene Leistungsfähigkeit. So genießen sie schließlich sich selbst.

Altersphase: ca. 12./14.–20./25. Lebensjahr

Fälligkeit: Identität als Grundlage für Hingabe und Treue sich selbst und andern gegenüber. Seine (einmaligen) Rollen finden (Pubertät).

Krise: Identität gegen *Rollenkonfusion* (Rollendurcheinander). Der Jugendliche erlebt sich im Zentrum. Oft versucht er fast krankhaft herauszufinden, wie er im Vergleich zu seinem eigenen Selbstgefühl in den Augen anderer erscheint und wie er seine früher aufgebauten Rollen und Fertigkeiten mit den gerade «modernen» Idealen und Leitbildern verknüpfen kann. Er probiert verschiedenste Rollen aus (z. B. die Rolle des zurückhaltenden Schweigers, des «lässigen Boys», der «femme fatale», der «schüchternen Tochter», «des Besserwissers» usw.). Er zieht quasi die Bilanz der ersten 10–12 Lebensjahre hinsichtlich gewonnenem Grad an Urvertrauen, Autonomie, Initiative und Leistungsfähigkeit oder – im negativen Sinne – hinsichtlich gewonnenem Grad an Urmißtrauen, Scham, Zweifel, Schuld- und Minderwertigkeitsgefühlen.

Musik: Die Möglichkeiten, sich mit Musik auszudrücken, werden neu erkannt. Fragen tauchen auf: «Ertrage ich mich als Musizierender?» «Stehe ich zu meiner musikalischen Ausdrucksmöglichkeit?» «Welche Wirkung habe ich auf andere?» «Was erfahre ich mit Musik über mich selbst?» «Welchen Stellenwert gebe ich der Musik in meinem Leben?» «Was ermöglicht mir das früher im Musikunterricht Gelernte jetzt und in Zukunft?»

Oft gilt es für den Musiklehrer, das bisher Gelernte zu erhalten, d. h. zu sorgen, daß der Jugendliche die Musik aus einer momentanen, kürzer oder länger dauernden Zuwendung zu anderem nicht aufgibt. Zunehmend soll der Jugendliche *mit*entscheiden, eigene Ziele festlegen und mit dem beratenden Lehrer absprechen, wie und mit welchem Aufwand diese oder jene Ziele erreicht werden können. Der Lehrer übernimmt das «stellvertretende Wollen», d. h. er hilft konsequent fordernd, dem Schüler die gewählten Ziele zu erreichen. Der Lehrer wird zum «Treuhänder» der gemeinsam getroffenen Abmachungen. Vorsicht vor Anbiederungsversuchen! Der Musiklehrer bleibt der erwachsene Fachmann, der sein Instrument vorbildlich beherrscht. Gemeinsames Spielen sollte angestrebt werden. Für viele Jugendliche wird die Musik die «Sprache» seiner Gefühlslage, weil ihm die verbale Sprache noch fehlt. Die Musik wird der (Teil-)Bereich, in welchem der Jugendliche auflebt und sich (partiell) ausleben kann. In einer geschickten Stückauswahl (die der Jugendliche technisch wirklich spielen kann) sowie in einer verständnisvollen Führung bzw. Begleitung des Lehrers beim Üben liegt das Geheimnis des Erfolges. Exemplarisches Üben im Unterricht hilft dem Jugendlichen, an sich glauben zu lernen und zu erleben, was an technisch-handwerklichen Möglichkeiten «so drin liegt».

Altersphase: ca. 20.–30. Lebensjahr

Fälligkeit: Intimität im Hinblick auf Bindung und Liebe (Frühes Erwachsenenalter).

Krise: Intimität gegen *Isolierung*
Der junge Erwachsene sucht seinen eigenen Intimkreis (d. h. seine Freunde, seinen Lebenspartner, seinen Verein usw.) und verändert die Beziehung (im Sinne einer weiteren Loslösung) zum Elternhaus. Für intimere Fragen baut er sich einen eigenen, neuen Kreis auf. Der junge Mensch lernt sich im Andern zu verlieren und zu finden, zu lieben und zu arbeiten, treu zu sein, seine inneren Bilder der Partnerschaft zu suchen und zu realisieren. Schließlich ist er das, was er liebt. Wohl wird die Karriere im Berufsleben zunehmend wichtiger, aber nach wie vor steht der eigene Intimkreis im Zentrum aller privaten wie auch beruflichen Bemühungen.

Musik: In diesem Alter findet häufig ein Lehrerwechsel oder ein eventuell vorläufiger Abschluß der musikalischen Ausbildung statt.
Der Stellenwert der Musik im Leben wird erneut überprüft. Möglichkeiten des Zusammenspielens werden gesucht und (leider) oft nicht gefunden. Häufig wird der Musiklehrer der Vertraute des Schülers. Eine genaue Rollenabsprache drängt sich auf. Der Musiklehrer sollte grundsätzlich Musikunterricht erteilen, d. h. intimere Gespräche zu anderen Lebensbereichen eher außerhalb des Unterrichtes führen.
Unter allen Umständen ist eine (auch periodisch wiederholte) gemeinsame Absprache über die Zielvorstellung des Schülers vorzunehmen. Vor allem sollte auch abgesprochen werden, *wie* der Lehrer dem Schüler helfen kann, das oben genannte Ziel zu erreichen (etwa: Soll der Lehrer mit dem Schüler nur gemeinsam üben, nur zusammenspielen, nur Hinweise geben, nur sporadisch in von Fall zu Fall abgemachten Unterrichtsstunden die Spielweise überprüfen usw.?). Eventuell sogar schriftlich festgehaltene Kontrakte verpflichten Lehrer und Schüler, ersparen spätere Enttäuschungen, verhindern das Abgleiten in (zwar im Moment sehr angenehme, aber bezüglich musikalischer Weiterbildung ineffiziente) reine Begegnungs- bzw. Betreuungsstunden. In diesem Alter sind sogenannte Klassenstunden (z. B. einmal pro Quartal) recht zweckmäßig. In diesen Stunden treffen sich alle Schüler (eventuell aufgeteilt in nur Erwachsene oder in nur Jugendliche bzw. Kinder) des betreffenden Lehrers zum gegenseitigen Vorspiel

und/oder zu gemeinsamem Musizieren. Hier darf die Pflege des Kontaktes nicht zu kurz kommen. Nach dem Musizieren sollte genügend Zeit zu geselligem Beisammensein bleiben.

Altersphase: ca. 30.–55. Lebensjahr

Fälligkeit: Fähigkeit im Sinne von Zeugnis ablegen, Produktivität, Fürsorge, Erfüllung seiner Lebensaufgabe, Kinder aufziehen, Lebendig-geblieben-Sein usw.

Krise: Zeugende Fähigkeit gegen *Stagnation*

Fragen tauchen auf: Welchen Sinn hat mein Leben? Finde ich meine Erfüllung im Beruf? Wofür bin ich da? Wofür werde ich im Leben gebraucht oder auch mißbraucht? Was kreiere ich? Welche Werke legen Zeugnis meines Tuns ab? Wie steht es mit dem Verhältnis Beruf und Freizeit? Welche Hobbies machen Sinn? Die sogenannte «Mitte-Lebens-Krise» oder «der zweite Frühling» zeigen oft das Resultat einer nicht (oder noch nicht) gelungenen Sinnfindung oder einer Stagnation in einer reinen Geschäftigkeit im Beruf oder einer totgelaufenen Partner- und Familienbeziehung. Der (bald) letzte Berufs- oder Stellenwechsel findet statt oder wird intensiv erwogen.

Musik: Die Überprüfung des eigenen Lebens oder das beginnende Musizieren der eigenen Kinder können zum Anlaß werden, der Musik und dem eigenen Musizieren wieder einen größeren Stellenwert einzuräumen und z. B. als Folge davon wieder selber Unterricht zu nehmen. Erste Zweifel tauchen auf: Kann ich überhaupt noch etwas erreichen bzw. nachholen oder nicht? Die Suche nach Selbstrealisierungsmöglichkeiten bewegt vielfach Menschen, wieder oder sogar zum ersten Mal Musikunterricht zu besuchen. Genaueste Absprachen über Grenzen und Möglichkeiten sowie den beabsichtigten Zweck des Instrumentalunterrichtes sind unerläßlich; denn jetzt – mitten im Leben – wird es besonders ernst. Vor allem dem Entwickeln von Automatismen auf dem Instrument ist äußerste Sorgfalt angedeihen zu lassen; denn der Mensch in diesem Alter lernt nicht mehr so flexibel und rasch. Der Musikunterricht und die damit allenfalls verbundenen neuen Möglichkeiten erhalten häufig einen allzu überspannten und überladenen Stellenwert in den Erwartungen des betreffenden Schülers. Das Musizierenkönnen soll all die negativen Gefühle, herrührend aus dem Erkennen der eigenen beruflichen Stagnation, kompensieren. Wie ein Rettungsring bietet sich der Ausweg «Musik» an. Die Musik soll wieder gutmachen, was im übrigen Leben mißlungen ist. Hier muß der Lehrer ganz nüchtern und realistisch dem Schüler bewußt machen, was wirklich «drin liegt».

Nur ein wohlabgestimmter Arbeitsplan sowie eine Festlegung der Verantwortlichkeit kann hier vor allzu hoch gesteckten Erwartungen schützen und unnötige Enttäuschungen einigermaßen verhindern. Als Lehrer sei man sich aber auch der Chance bewußt: «Es ist noch lange nicht aller Tage Abend!» Ein erwachsener Mensch kann, sofern die Automatisationsbemühungen sorgfältig angeleitet und überwacht werden, noch erstaunliche Virtuosität erlangen.

Altersphase: ab ca. 55. Lebensjahr

Fälligkeit: Finden der Ich-Integrität im Sinne von sich und sein bisheriges Leben grundsätzlich akzeptieren (sie bildet die Grundlage für Reife, Entsagenkönnen und Weisheit).

Krise: Ich-Integrität gegen *Verzweiflung*

Erkenntnisse wie: «Die Weichen sind gestellt», «ich kann wenig oder nichts mehr nachholen», «ich habe meinen Sinn im Leben nicht gefunden», «ich konnte bis jetzt das Leben nicht wirklich genießen» usw. können einen Menschen zur Verzweiflung bringen. Es braucht große eigene – und oft auch fremde – Hilfe, um aus dieser Krise wieder herauszukommen.

Sogar in einem mehr oder weniger «gelungenen» Leben fällt es gar manchem Menschen schwer, anderen zuzusehen, anderen Platz zu machen, seine eigenen Werke genießen und sich mit dem Erreichten begnügen zu können. Der betreffende Mensch ist das geworden, was von ihm allenfalls überlebt.

Musik: Vielfach sucht der Mensch jetzt vermehrt Erholung und Muße in der Musik; das heißt nun nicht, daß der Lehrer mit diesen Leuten einfach ein wenig spielen muß, im Gegenteil, der Wunsch, noch etwas Neues zu lernen, kann sogar sehr intensiv werden. Der Lehrer wird mitverantwortlich für den optimalen Einsatz der Kräfte. Umwege auf Grund einer falschen, zu großen oder zu wenig zielgerichteten Wahl der Lernschritte demotivieren den Schüler und führen zu einem Verschleiß von Kräften. Alle Halbheiten sind jetzt zu vermeiden. Aussagen wie: «Was kann denn dieser alte Mensch auf seinem Instrument noch erreichen!» sind deplaziert. Im Gegenteil: Nüchterne Konfrontation mit der Realität, korrekte, wohlabgesprochene Zielsetzungen, klare, zweckmäßige Lernschritte und häufiges *gemeinsames* Üben sowie anschließendes gelöstes Spielen und Geschehenlassen sollte der Lehrer auslösen und begleiten.

Zeichnen sich Symptome des Verzweifelns ab, sind tröstende, bagatellisierende Worte fehl am Platz. Nur kleine und kleinste Erfolgserlebnisse an sorgfältig ausgewählten und trainierten Lernschritten sowie anschließende gemeinsame Freude am Gelingen helfen hier. Nicht ein fernes Endresultat, sondern das unmittelbare Tun soll im Zentrum stehen (im Sinn: «Ich tue, ich spiele, also lebe ich!»).

Der Musiklehrer besuche mit seinem Schüler Konzerte und Vortragsübungen. Auch gemeinsames Musizieren des Schülers mit seinen Kindern und Enkelkindern kann viele Ängste mildern.

Im Sinne einer Zusammenfassung seien nochmals die wichtigsten Fälligkeiten und Krisen während der menschlichen Entwicklung in der nachfolgenden Tabelle aufgeführt.

10.2.1. Die einzelnen Phasen im Überblick

ca. 1 Jahr — Urvertrauen – Urmißtrauen

Urvertrauen als Grundlage für Antrieb und Hoffnung

ca. 2. Jahr — Autonomie – Scham und Zweifel

Autonomie als Grundlage für Willen und Eigenständigkeit

ca. 3.–7. Jahr — Initiative – Schuldgefühle

Initiative als Grundlage für Richtung und Zweck des eigenen Verhaltens (durch Identifikation und Nachahmung aller Rollen lernbar)

ca. 7.–12./14. Jahr	**Tätigkeit (Leitungsfähigkeit – Minderwertigkeit)**
	Tätigkeit als Grundlage für Methode und Können (Leistungsfähigkeit als Möglichkeit, sich eine Stellung in der Gruppe zu erkämpfen)
ca. 12./14.–20./25. Jahr	In der nun folgenden Pubertät präsentiert der Jugendliche die Bilanz der ersten 10–12 Lebensjahre:
	Identität – Rollendurcheinander
	Identität als Grundlage, sich und andern treu zu sein und sich hingeben zu können
um 20.–30. Jahr	**Intimität – Isolierung**
	Intimität als Grundlage für Bindung und Liebe
um 30.–55. Jahr	**Zeugende Fähigkeit – Stagnation**
	Zeugende Fähigkeit als Grundlage für Produktivität und Fürsorge
ab 55. Jahr	**Ich-Integrität – Verzweiflung**
	Ich-Integrität als Grundlage für Entsagung, Reife und Weisheit

11. Lernpsychologie

Bewußt haben wir uns auf einige wenige Hinweise, Definitionen und Lerntheorien beschränkt. Unsere Auswahl soll als Erklärungsversuch zu unseren didaktischen Ausführungen in diesem Buch verstanden werden.

11.1. Zum Begriff Lernen

Lernen bezeichnen wir als *«Ändern des Verhaltens auf Grund gemachter Erfahrungen»*. Zwei Schlüsselworte fallen auf:

1. *Verhalten:* umfaßt die Bereiche
   Fühlen (empfinden, sich freuen, sich fürchten, innerlich erleben usw.)
   Handeln («tun», tasten, greifen, spielen, anpacken usw.)
   Denken (verstehen, entscheiden, innerlich Handelndes sich vorstellen, in Gedanken nachvollziehen usw.).

2. *Erfahrung:* bedeutet Konfrontation mit dem Resultat unseres Verhaltens. Aus diesen Konfrontationen zieht der Lernende Schlüsse; entweder vermeidet er die Wiederholung des Verhaltens, oder er trachtet danach, anderes Verhalten auszuprobieren. Führt ein Verhalten schließlich zum ersten Erfolg, wiederholt (= übt) er es so lange, bis er mit großer Sicherheit auch in Zukunft wieder zum Erfolg kommt. Daraus leitet sich für den Lehrer folgendes ab:

   - Man hindere den Schüler nicht, seine Erfahrungen selber zu machen.
   - Man fördere die Erfahrungsauswertung durch den Schüler (nicht durch den Lehrer).
   - Erfahrungen in Form von Fehlern, Konflikten und Mißerfolgen sind nicht als peinlich, sondern als Lernchance zu erleben.
   - Ausprobieren, vergleichen, Unterschiede feststellen, an die Grenzen des Möglichen gehen (= übertreiben) sind wichtige Tätigkeiten für den Lernenden.

Wenn sich mittels der Erfahrung ein menschliches Grundbedürfnis befriedigen läßt, verstärkt sich die Bereitschaft, weitere Erfahrungen zu sammeln.

- Der Lehrer erinnere den Schüler an bereits gemachte Erfahrungen.
- Erfahrungen des Lehrers fallen beim Schüler erst auf fruchtbaren Boden, wenn der Schüler selber die Erfahrung gemacht hat, daß er ein Problem nicht nach seinen Absichten lösen kann und damit drei Bedingungen erfüllt werden: 1. Der Schüler sieht ein Problem. 2. Er kann es nicht lösen. 3. Er hat aber immer noch die Absicht, (=) sein Problem zu lösen. Erst jetzt ist er wirklich bereit, Erfahrungen des Lehrers zu übernehmen und auszuprobieren.

Zum besseren Verständnis des Lernens hilft uns auch folgendes Denkmodell: Wir stellen uns den Lernprozeß als «drei gleichzeitig parallel verlaufende Straßen» vor.

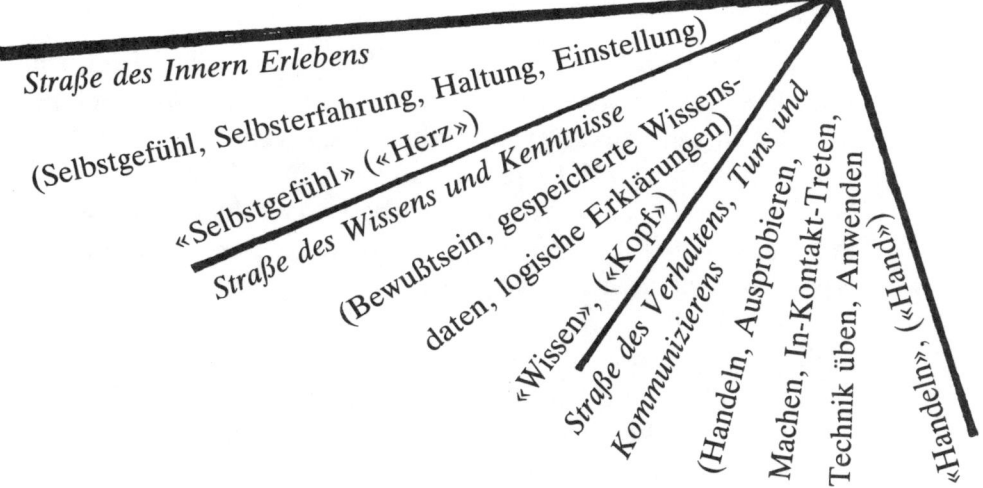

In einem Lernprozeß sind immer alle «drei Straßen» mehr oder weniger «befahren» d. h. beteiligt (oder drängen danach beteiligt zu werden!). Damit ein Mensch auf die Dauer gelöst und ausgeglichen lernen kann, ist darauf zu achten, daß zwischen diesen Straßen keine «trennenden Mauern» entstehen. Die Frage lautet daher: Welches innere Erleben und welches Wissen begleitet das Verhalten, oder, Stimmt das Verhalten mit dem inneren Erleben überein? Man kann sich auch fragen: Wie weit ergänzen oder stören die drei Straßen einander und damit auch den Lernprozeß? Ist das Selbstgefühl von Ablehnung und Trotz gegen den Lehrer gekennzeichnet, das Wissen anderswo angesprochen, so wird es dem Schüler eben schwerfallen, eine neue Tonleiter «in den Griff» zu bekommen. Ein anderes Beispiel: Aus der Art der Interpretation eines Stückes kann leicht geschlossen werden, wie sich ein Schüler fühlt und mit welchem Wissen er sein Tun begleitet. Pestalozzi empfahl in seinen Schriften, «Kopf, Herz und Hand» beim Lernen gleichermaßen anzusprechen. Wissen («Kopf») ist abfragbar, Handeln («Hand») ist überprüfbar; das Selbstgefühl («Herz») können wir nur indirekt angehen und sind sehr auf die Bereitschaft des Schülers angewiesen, uns über diesen Punkt entsprechend zu informieren. Seine Einstellungen, Haltungen und sein Selbstgefühl bestimmt der Schüler; wir Lehrer können höchstens sein Vertrauen gewinnen und auf seine Haltung reagieren.

11.2. Zum Begriff Denken

Denken entwickelt sich aus den Verhaltensbereichen *Fühlen* und *Handeln*. *Denken* wird als *inneres Handeln* mit *Begriffen* definiert. Denken entsteht aus äußerem Handeln (aktivem Tun) mit Greifbarem (betast- und greifbaren Objekten). Die dabei auftretenden Gefühle werden schließlich zu denkbaren Gefühlen. Für uns Lehrer ergibt sich folgender Weg, wenn es gilt, den Schüler etwas Bestimmtes denken zu lehren:

1. die im späteren Denkprozeß notwendigen Begriffe konkret, mittels greif- und betastbaren Objekten vorzustellen,
2. mit den greifbaren Objekten (das später zu Denkende) zu tun, also praktisch damit zu handeln,
3. das konkrete Handeln sprachlich zu kommentieren, d. h. über die eben vollzogene Handlung mit dem Schüler zu reden. Auf diese Weise wird das konkrete Behandelte verinnerlicht, für den Schüler denk- und besser lernbar.

Im Zusammenhang mit Denken sollen noch zwei grundsätzlich verschiedene Denkarten erwähnt werden. Wir unterscheiden das assoziative und das logische Denken.

Das *assoziative Denken* folgt individuell verschiedenen, weitgehend einmal von Gefühlen bestimmten, meist «unlogischen», auf individuell verschiedenen Gewohnheiten beruhenden Erinnerungsspuren. Man kann die Funktionsweise des assoziativen Denkens bei sich selber verfolgen, indem man von irgendeinem Wort ausgehend sämtliche Erinnerungen, die «einfach so» aufsteigen, für sich von der Leber weg auf ein Tonband spricht. Dabei werden die seltsamsten Kombinationen freigelegt. Häufig tauchen schon längst vergessene Erlebnisse und Gewohnheiten, Konflikte und heftige Gefühlsreaktionen aus der Vergangenheit wieder auf. In der Kunst (Zeichnen, Gestalten, Komponieren, Improvisieren usw.) spielt dieses auch kreativ genannte Denken eine große Rolle. Es braucht einen gewissen Mut, sich auf das assoziativ-kreative Denken zu verlassen und es frei und gelöst fließen zu lassen.

Das *logische Denken* folgt genau festgelegten, von allen Menschen etwa gleich verstandenen Lernschritten. Die einzelnen Begriffe werden mit einmal festgelegten Strukturen in Beziehung gebracht. (In der Mathematik wird dieses logische Denken ganz besonders geübt.)

Im *Musikunterricht* gilt es, *beide Denkformen* ganz bewußt zu pflegen. Ein Werk kann beispielsweise logisch folgerichtig auf dessen Aufbau und assoziativ auf dessen Aussage und Wirkung für den betreffenden Schüler untersucht werden. Beide Denkarten leiten den Schüler bei der Interpretation.

11.3. Lerntheorien und Lerngesetze

Vereinfacht dargestellt unterscheidet man zwei grundsätzlich verschiedene Formen von Lernen, nämlich

1. Lernen durch Einsicht (= kognitives Lernen)
2. Lernen durch Gewöhnung (= Konditionierung)

Bei beiden Formen gilt es, ganz spezifische Lerngesetze zu beachten.

11.3.1. Lernen durch Einsicht (kognitives Lernen)

Dazu ein Versuch:

Aufgabe: Verbinden Sie die folgenden neun Punkte mit vier Geraden so, daß die vier Geraden in einem Zug gezeichnet werden können und alle Punkte durchfahren sind.

. . .

. . .

. . .

Lösung: ??? «Aha!» «Ist das alles?» werden Sie sagen, wenn die Lösung gefunden ist. Sofern Sie noch die Einsicht gewinnen, wie Sie zur Lösung gekommen sind, und Ihr erster Erfolg kein Zufallstreffer war, werden Sie diese Einsicht kaum mehr vergessen. Sie läßt sich auf andere Situationen übertragen und ist wiederholbar.
(Die Lösung dieser Aufgabe steht am Ende dieses Kapitels.)

Diese Lernsituation ist gekennzeichnet durch

– anfangs keine Lernfortschritte (ich weiß höchstens, was nicht geht)
– Versuch und Irrtum halten den Lernenden «in Trab»
– schlagartiger Erfolg («Aha-Erlebnis» genannt)
– das Suchen nach der Einsicht, warum und wodurch es zum Erfolg gekommen ist.

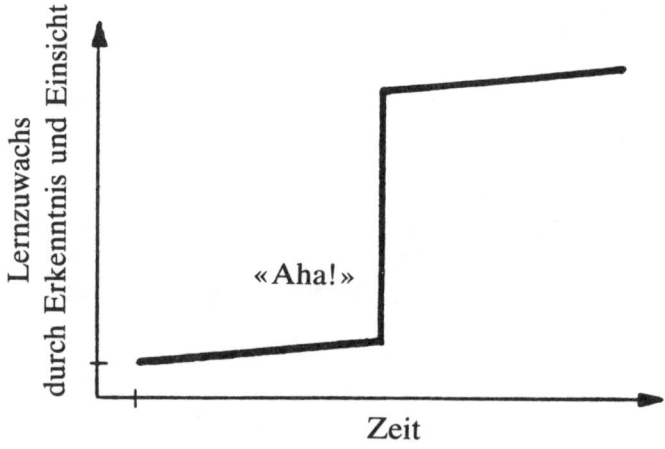

Lerngesetz

Bei dieser Skizze steht das Gesetz von *Versuch und Irrtum* im Vordergrund. Ausprobieren, Fehler erleben lassen führt zum Erfolg = Belohnung.

Falls ich das Prinzip entdecke, durch das ich zum Erfolg komme, erhalte ich die Einsicht.

Die Einsicht läßt sich *übertragen* und *verkürzt* in einer neuen Situation die Zeit von Versuch und Irrtum. Aus diesem Grunde werden grundlegende, prinzipielle Fehler selten wiederholt: «Aus der Erfahrung wird man klug.»

11.3.2. Lernen durch Gewöhnung (Konditionierung)

Auch dazu ein Versuch:

Auftrag: Lernen Sie diese Buchstaben der Reihe nach auswendig!

```
H C A F M O
V R E R H E
L K I S U M
```

Lösung: ??? Sie werden es ungern tun, verschieden weit kommen, es rasch vergessen, mit Eselsbrücken arbeiten, immer wieder üben müssen...

Diese Lernsituation ist gekennzeichnet durch

- anfangs eher große Lernfortschritte
- später stark abnehmende Lernfortschritte
- Lernplateaus und Vergessen
- es ist ein ständiges Wiederholen notwendig.

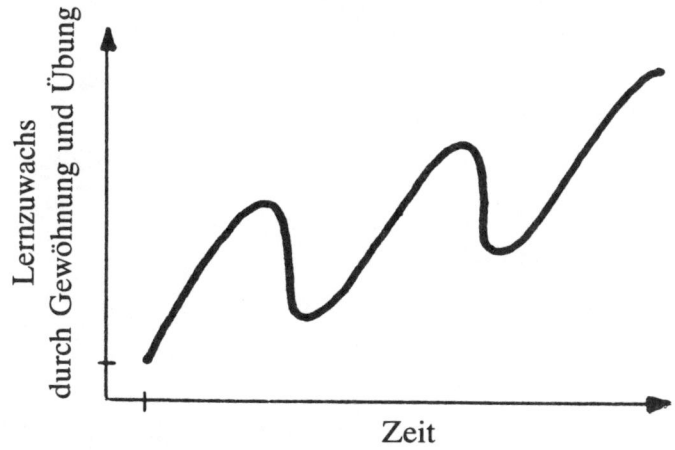

Ein Musiker kennt diese Lerngesetze zur Genüge. Üben und nochmals Üben ist es, was dieses Lernen kennzeichnet.

Bei dieser Lernform wird zwischen verschiedenen Lerngesetzen unterschieden:

Das Gesetz der Wiederholung
Alles, was ich wiederhole, lerne ich (leider auch die Fehler!). Daher: Wiederhole keine Fehler! Ich kann aber nicht beliebig wiederholen, sondern werde ein Lernplateau erreichen. Daher gilt es, das Wiederholen zu rhythmisieren, Pausen einzuschalten und Variationen einzubauen. Beim Üben spielt diese Gesetzmäßigkeit eine zentrale Rolle. Man kann nur portionsweise, Tag für Tag, eine gewisse Zeit erfolgreich üben. Das nach einer gewissen Zeit auftretende Lernplateau setzt Grenzen und verlangt nach einer Lernpause.

Das Gesetz der Nähe bzw. der Prägnanz
Was mir bereits nahe steht, lerne ich schneller. Auch in meiner Wahrnehmung sehe ich das Naheliegende als Einheit.
Daher: Querverbindungen, sogenannte Eselsbrücken herstellen, Schlüsselpunkte festhalten, assoziative und logische Verknüpfungen bilden, vom Naheliegenden, schon Bekannten ausgehen, wenn es gilt, etwas Neues zu lernen usw.
Es lohnt sich auch, vom Ganzen bzw. vom Zusammenhängenden auszugehen, denn das Ganze ist mehr als die Summe der Einzelteile. Beispiel: Wenn ich die Melodie erfasse, fällt mir das Spielen der Einzeltöne leichter.
Dieses Gesetz kann dann eine Lernbarriere bilden, wenn ich beispielsweise zwei sehr ähnliche Stellen eines Musikstückes auswendig lernen muß und – getreu diesem Gesetz folgend – immer wieder in die zuerst gelernte Stelle abgleite.

Das Gesetz der Sinne
Je mehr Sinne gleichzeitig und gleichgerichtet aktiviert sind, desto intensiver lerne ich.

Globale Erfahrungswerte:

– Es bleiben vom zu lernenden Stoff:
    durch Hören   ca. 20%
    durch Sehen und Hören   ca. 40%
    durch selbständiges Suchen und Formulieren   ca. 70%
    durch eigenständiges Tun   ca. 90%

    Beispiel Notenlesen, folgendes Vorgehen wählen:
        Zeichen wahrnehmen, singen, benennen, Haltung vorbereiten, spielen und schreiben.

Das Gesetz der Bedürfnisbefriedigung bzw. Affektgeladenheit
Je mehr ich gefühlsmäßig engagiert bin, je mehr Bedürfnisse befriedigt werden können, desto nachhaltiger lerne bzw. verlerne ich. (Siehe dazu auch Kapitel 13, «Konfliktpsychologie»!)
Störungen: Etwas beschäftigt mich intensiver, als es der Lerngegenstand tut. Störungen sind meist stärker; sie bilden Lernbarrieren, sie sind vorrangig zu behandeln und somit viel eher als Lernchancen benützbar. Wenn es nämlich gelingt, momentane Bedürfnisse im Lernprozeß nutzbringend einzusetzen, dann beschleunigt dies den Lernprozeß massiv.
Beispiel: Wenn ich hungrig durch die Bahnhofstraße gehe, bin ich bestens disponiert, den Standort aller Lebensmittelläden zu lernen.

Das Gesetz des Vergessens
Innerhalb der ersten Zeit (ca. 24 Stunden) vergesse ich bis zu 80% des Gelernten.
Daher: periodische Wiederholung und Rhythmisierung des Lernens.

11.3.3. Die Gesetzmäßigkeiten des sozialen Lernens

Zitate (= kursiv) aus: R. und A. Tausch, Erziehungspsychologie, Hogrefe 1977.

Modell- oder Beobachtungslernen
Beobachtungslernen ist ein Prozeß, bei dem sich das Verhalten einer Person entsprechend dem von ihr beobachteten oder ihr sprachlich übermittelten Verhalten einer anderen Person ändert, d. h. sich dieser annähert (oder in der gegenteiligen Richtung wegbewegt!). Es ist damit zugleich Übernahme von äußerem Verhalten bis Übernahme von Einstellungen. Gar manche langjährig beim gleichen Lehrer weilenden Schüler übernehmen beim Spiel Mimik, Gestik und Haltung ihres Lehrers.

Das *Bekräftigungslernen* ist ein Prozeß, bei dem *eine Verhaltensweise eines Individuums von einem angenehmen Zustand (angenehmen Reiz) begleitet, verstärkt, bekräftigt oder bestätigt wird. Diese Verhaltensweise wird mit hoher Wahrscheinlichkeit in Zukunft häufiger bzw. mit größerer Intensität auftreten.* Positive Selbstbekräftigung sollte vom Schüler erlernt werden, um schließlich die bis dahin vom Lehrer gegebene Fremdbekräftigung zu ersetzen.

Extinktion (Verlernen)
Verhalten, das von einem fehlenden oder unbefriedigenden Affekt begleitet oder gefolgt wird (negative Konsequenzen), wird in Zukunft seltener realisiert (extinguiert, ausgelöscht, geschwächt).

Nicht-Verstärkung heißt, der Schüler erhält keine Beachtung in irgendeiner Form für sein Tun.

Negative Verstärkung kann eine Strafe, eine geringschätzige Kritik, ein despektierliches Auslachen, ein Bloßstellen, eine unangenehme Zusatzaufgabe sein (immerhin eine Beachtung in Form einer Lehrerreaktion). Wenn Reize oder Strafe die einzige Verstärkung ist, kann dies auf die Dauer geradezu «interessant» und immer noch besser erlebt werden, als überhaupt keine Verstärkung!

Daraus läßt sich folgender *Lehrsatz* ableiten:
Beachte und verstärke jenes Verhalten, das erwünscht ist; beachte wenig oder nicht das unerwünschte Verhalten!

Beachten heißt: davon reden, loben, tadeln, hinsehen, das Verhalten diskutieren usw. Beachten kann daher sowohl positiv wie negativ erlebt werden und wirkt sogar in negativer Form immer noch leicht verstärkend.

Zwei grundsätzlich verschiedene Beweggründe (Motive) für das Lernen

Das Problem der Bestrafung besteht darin, daß dadurch das Verhalten nicht von der Motivation her verändert wird, sondern nur unterdrückt und einer tiefer begründeten Änderung unzugänglich wird. Die Hinwendung (= Annäherungsverhalten) zu Personen oder Sachen wird ersetzt durch Vermeidungsverhalten (um Angst zu vermeiden).

Beispiel eines *Annäherungsverhaltens* (= Hinwendung):
Ich spiele ausdrucksvoll ein Musikstück, weil ich den Komponisten und seine Musik verstehen und erleben möchte.

Ich bin zu jemandem freundlich, weil ich zu dieser Person Zuneigung verspüre.

Beispiel eines *Vermeidungsverhaltens* (= um Angst zu vermeiden):
Ich spiele ausdrucksvoll ein Musikstück, weil ich von meinem Lehrer oder den anderen Zuhörern nicht als unmusikalisch abgelehnt werden möchte.

Ich bin zu jemandem freundlich, weil ich Angst habe, ansonsten als unhöflich zu gelten.

Das Gegenkonditionierungslernen
Werden bei einer Person, die sich stark angst- und furchterregende Situationen oder Personen vorstellt oder sie erlebt, *gleichzeitig* Reaktionen der Entspannung, Ruhe und des Humors ausgelöst, so wird die Angst vermindert bzw. abgebaut. Die angenehme Erfahrung verbindet sich mit den Reizen, welche bis dahin nur Angst auslösten (Tausch). Mit anderen Worten:
Hier handelt es sich um eine Hemmung und Angst abbauende Umgewöhnung.

Ein Beispiel: Wenn ein Schüler, der bis dahin das Üben zu Hause nur als ein frustrierendes, von Mißerfolgen gespicktes Tun erlebt hat, nun mit seinem Lehrer in einer gelösten Atmosphäre im Unterricht erfolgreich üben lernt, wirkt sich dies auch auf das Üben zu Hause aus. Mit der Zeit übertragen sich die angenehmen Erlebnisse aus der Stunde auf die Übsituation zu Hause.

Einige weniger wirksame Maßnahmen
– Lenkung, Zwang: dabei wird höchstens ein Vermeidungsverhalten bewirkt.
– Rationale Informationen wie: «man macht das so und so ...» oder: langatmige Erklärungen und Belehrungen.
– Längere Isolierung (Abschirmung) von Reizen und Konflikten.
  Gefahr: Aufbau einer scheinbar heilen Welt, was zur Schwächung des Abwehrverhaltens und damit der Lernfähigkeit führt, d. h. der Schüler muß eine gewisse Dosis an Lernschwierigkeiten und Konflikten auch im Unterricht erleben und unter Anleitung des Lehrers bewältigen lernen, sonst wird der Schüler beim Üben zu Hause oder später, wenn er auf sich selbst gestellt ist, versagen.

Lösung zur Aufgabe «Lernen durch Einsicht»

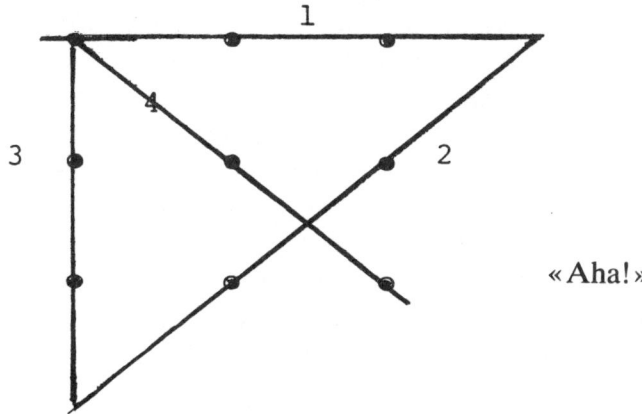

12. Kommunikation

12.1. Die Wirkung von Informationen

(In Anlehnung an F. Schulz von Thun: Miteinander reden: Störungen und Klärungen, rororo 1981)

Jede Information umfaßt gleichzeitig vier von Fall zu Fall verschieden gewichtete Seiten (Aspekte). Der Sprechende ist immer mit einem Sender zu vergleichen, der auf diesen vier verschiedenen Ebenen gleichzeitig sendet. Anders gesagt: Zum Verständnis einer Information brauchen wir einen Schlüssel, um die auf vier Ebenen ankommende, codierte Nachricht zu verstehen.

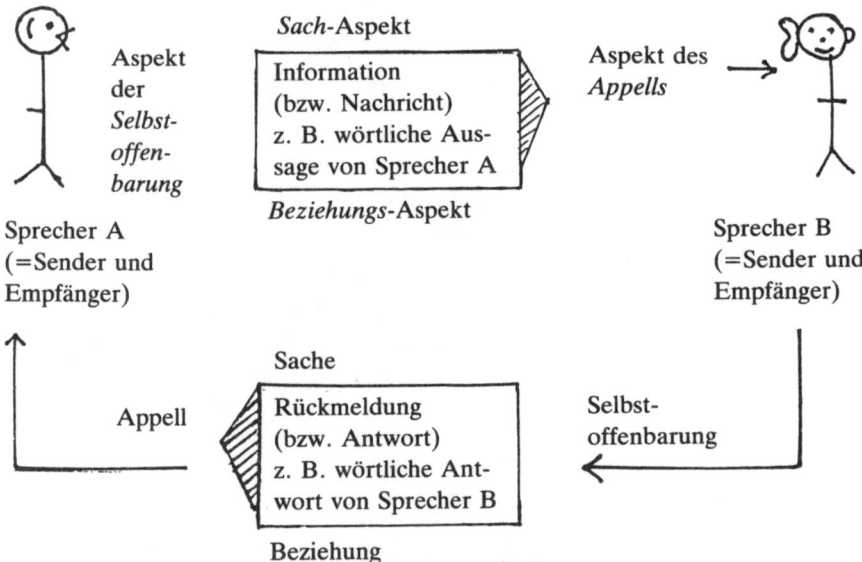

Diese Zeichnung, die die vier Seiten (Aspekte) einer Nachricht (bzw. auch der Antwort) darstellt, ist ein psychologisches Modell der zwischenmenschlichen Kommunikation. Sie verdeutlicht, daß jede Information etwas über den Sprecher selbst (= *Selbstoffenbarung*), etwas über die *Beziehung* zwischen den Sprechern, etwas über das, was der eine Sprecher im Grunde vom andern Sprecher wünscht (= *Appell*) und schließlich etwas über die *Sache* aussagt. Welcher Aspekt jeweils im Vordergrund steht, ergibt sich aus der Situation, den Erwartungshaltungen, dem Tonfall und den Gebärden des Senders (Sprecher A). Der Empfänger (Sprecher B) einer

Information hört nur das heraus, wofür er empfänglich ist und reagiert (antwortet) entsprechend. Auch die Antwort hat vier Aspekte, die unterschiedlich gewichtet sind und vom Sprecher A wiederum entschlüsselt (d. h. besser oder schlechter verstanden) werden. Aus diesen rein theoretischen Erläuterungen wird klar, auf welche Weise «Mißverständnisse», «Aneinander-vorbei-Reden», «Keine-gemeinsame-Sprache-Finden» entstehen können.

Dazu ein Beispiel:
Bei der Erarbeitung eines neuen Werkes sagt der Lehrer zum Schüler: «Dieses Stück ist schwierig.» Um diese Aussage zu verstehen, hilft uns die Frage: Was meint dieser Lehrer eigentlich im Klartext? Auf welchen Aspekt legt er das Schwergewicht seiner Aussage?

Liegt das Schwergewicht bei der *Selbstoffenbarung* des Lehrers, könnte die gleiche Aussage im Klartext heißen:
– Ich hatte einmal mit diesem Stück selber große Schwierigkeiten
– Ich habe ein zu schwieriges Stück gewählt usw.

Liegt das Schwergewicht auf der *Beziehungsebene,* könnte der Klartext lauten:
– «Dir traue ich das Stück zu» (Ausdruck einer Beziehung des Vertrauens zum Schüler)
– «Aber, mein ‹Kleiner›, da spürst Du dann, daß Du noch viel lernen mußt und auf meine Hilfe angewiesen bist» (diese Beziehung ist Ausdruck der Überheblichkeit des Lehrers zum Schüler)
– «Das wirst Du sicher nie können» (Beziehung des Mißtrauens) usw.

Liegt das Schwergewicht auf dem *Appell,* könnte der Klartext etwa lauten:
– «Übe fleißig dieses Stück» («Spiele nicht zu viel Fußball!») usw.

Liegt das Schwergewicht auf dem *Sachaspekt,* könnte die Aussage wörtlich genommen werden oder im Klartext etwa lauten:
– «Es handelt sich um ein relativ schwieriges Stück von Y»
– «Dieses Stück ist schwierig . . . weil viele Doppelgriffe vorkommen»
– «Dieses Stück gilt unter Musikern als schwierig, weil . . .» usw.

Erst aus der Antwort des Schülers (Rückmeldung), die wiederum entschlüsselt werden muß, erkennt der Lehrer, wie die Aussage «Dieses Stück ist schwierig» beim Schüler «angekommen» ist.

Auch keine Antwort ist eine Antwort! Schweigt der Schüler beispielsweise, sind dennoch auch hier vier Aspekte zu untersuchen. (Schweigen kann *Antwort* bedeuten.)

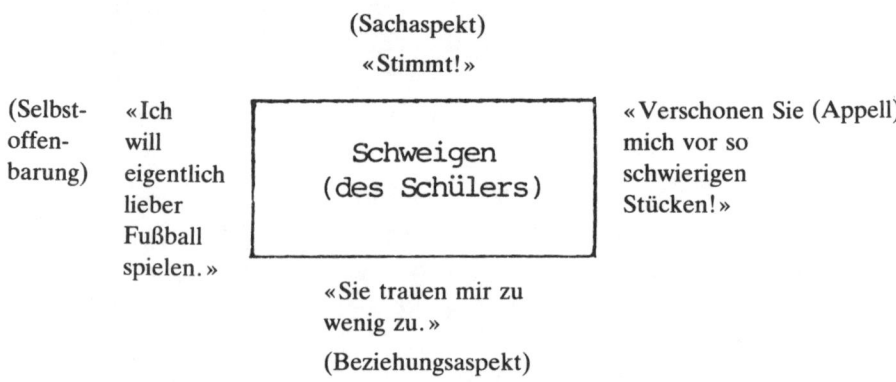

12.2. Die sprachliche Formulierung einer Aussage

Wir Menschen teilen unsere Gedanken und Beobachtungen in verschiedenster Weise mit. Dabei wechseln wir – je nach Situation – zu unterschiedlichen Sprachebenen. In der sprachlichen Formulierung können drei Abstraktionsebenen unterschieden werden. Der gleiche Sachverhalt, die gleiche Beobachtung kann, wie das nachfolgende Beispiel zeigt, auf allen drei Ebenen formuliert werden. In unserem Beispiel will der Lehrer den Eltern mitteilen, daß ihr Kind bestimmte Probleme mit dem Üben hat. Je nach der Beziehung zu diesen Eltern und je nach seinen Gewohnheiten wählt er eine der folgenden Sprachebenen. Vergleichen Sie bitte die Art und die Wirkung der jeweiligen sprachlichen Formulierungen.

Die drei Sprachebenen	*Beispiele dazu:*
1. Beobachtungsebene	
Wirkung: sachlich, beschreibend, wenig wertend	«Ihr Sohn spielt mir seit 6 Wochen immer das gleiche Stück vor. Noch immer macht er an den gleichen Stellen Fehler. Auf die Häufigkeit seines Übens angesprochen, sagte er mir das letztemal, er habe zu viele Schulaufgaben.»
= Beobachtungssprache	

2. Urteilsebene

Wirkung: wertend, einstufend, Stellung nehmend; kurze Formulierung eines komplexen Sachverhaltes

= Urteilssprache

«Ihr Sohn übt zu wenig», oder:
«Ihr Sohn ist faul», oder:
«Ihr Sohn ist zu sehr abgelenkt.»

3. Theorieebene

Wirkung: verallgemeindernd, vom Einzelfall abstrahierend; allgemein gültige Aussagen etwa: – wenn . . ., dann
– man . . .

= Theoriesprache

«Wenn man nicht übt, dann lohnen sich auch keine Stunden mehr für Ihren Sohn», oder:
«Übung, nur Übung macht den Meister; wenn das Ihr Sohn nicht einsehen kann, dann wird es für mich als Lehrer schwierig.»

Auf der Beobachtungsebene – sofern wirklich eine beschreibende Sprache verwendet wird – kann eine Wertung vermieden und die Gefahr von Mißverständnissen und Vorurteilen reduziert werden.

In der *Beobachtungssprache* wird demnach in möglichst beschreibender – quasi spiegelnder – Art der beobachtete Sachverhalt verdeutlicht. Diese Art der Aussage weist vielfach einen großen Umfang auf, läßt sich aber am besten überprüfen und regt außerdem unser Gegenüber an, sich selber ein Urteil zu bilden.

Die *Urteilssprache* stellt die persönliche Wertung in das Zentrum. Dadurch mag es gelingen, einen komplexen Sachverhalt in wenige Worte zu fassen.

In der *Theoriesprache* kann man sich von der Realsituation ins Allgemeine absetzen, nur grundsätzlich über die Sache reden und sich auf Theorien oder Erfahrungen berufen.

13. Konfliktpsychologie

13.1. Wie arrangiert sich der Mensch in unangenehmen Situationen?

In Konfliktsituationen wird man mit etwas konfrontiert. Man muß sich damit auseinandersetzen und ist zur Wahrnehmung gezwungen. Frühere Erfahrungen mit dem eben Wahrgenommenen (sogenannte Assoziationen), die nicht direkt damit zusammenhängen – sondern durch die Wahrnehmung ausgelöst werden – und die meist in der frühen Kindheit gelernten Konfliktlöseverhalten beeinflußen die Reaktionen.

Je stärker das Wahrgenommene in uns (meist unbewußt) Angstgefühle auslöst, desto stärker spielen unsere individuell verschiedenen, aber für uns so typischen Abwehrmechanismen eine Rolle. Die Art, wie wir uns «arrangieren», ist ein wesentlicher Bestandteil unseres Charakters. Die Möglichkeit, eigene Bedürfnisse (z. B. Bedürfnis nach Anerkennung, Geltung, Sicherheit, Geborgenheit) nicht mehr befriedigen zu können, löst in uns starke Angstgefühle aus. Glücklicherweise verfügt der Mensch über Abwehrmechanismen. Wie könnte er sonst in kritischen Situationen überleben? Es ist wichtig, daß ein Lehrer seine eigenen Abwehrmechanismen sowie diejenigen seiner Schüler als solche erkennen kann, um die wirkliche Ursache – den auslösenden Konflikt (z. B. unbefriedigte lebenswichtige Bedürfnisse) – helfend und zielbewußt angehen zu können. Die nachfolgenden Skizzen sollen die genannte Situation verdeutlichen. (Die Fachsprache nennt die Begriffe Bedürfnis und Bedürfnisbefriedigung.)

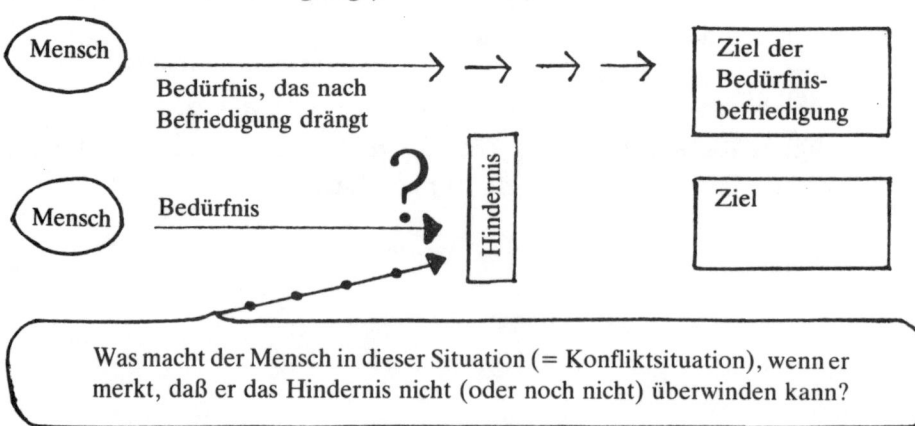

Etwaige Hindernisse in der Bedürfnisbefriedigung:

- konkrete räumliche oder zeitliche Barrieren
- andere eigene (sich querstellende) Bedürfnisse (z. B. nicht unangenehm auffallen wollen; die Würde, der Stolz; nicht die Wahrheit sagen wollen usw.)
- andere Menschen, die sich «in die Quere stellen»
- Unentschlossenheit (welche Richtung eingeschlagen werden soll – «Wer die Wahl, hat die Qual!»)

Lebenswichtige Bedürfnisse müssen innerhalb einer gewissen Zeit (= Konflikttoleranz) in einer mehr oder weniger kultivierten Form (= Resultat der Erziehung) befriedigt werden, sonst wird der betreffende Mensch psychisch, körperlich und in seinem sozialen Verhalten krank (= frustriert). Während einer gewissen Zeit kann er mittels Abwehrmechanismen solche Konfliktsituationen für sich einigermaßen erträglich machen, d. h. sich «arrangieren». Wenn z. B. mehrere Lösungsversuche nicht zum Ziel der Befriedigung führen und das Problem Unlust oder Angstgefühle auslöst, dann zeigen sich etwa folgende – jeweils für den betreffenden Menschen typische und immer wieder zu beobachtende – «Arrangements» bzw. Abwehrmechanismen (die Reihenfolge der Darstellung ist willkürlich):

1. Ich mache mehrere *Lösungsversuche*

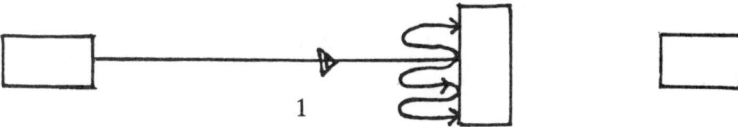

2. Ich greife zu *Ersatzhandlungen*
   Statt den Konflikt anzugehen, mache ich irgend etwas anderes. Dieses Verhalten wird vielfach als Verlegenheitshandlung bezeichnet.
   Beispiele: Ich putze verlegen meine Brille, kratze mich, stürze mich in Überaktivität, suche im Kühlschrank nach irgend etwas Eßbarem, zünde mir eine Pfeife an usw. Die gewählte Tätigkeit hat mit dem ursprünglichen Bedürfnis gar nichts mehr zu tun.

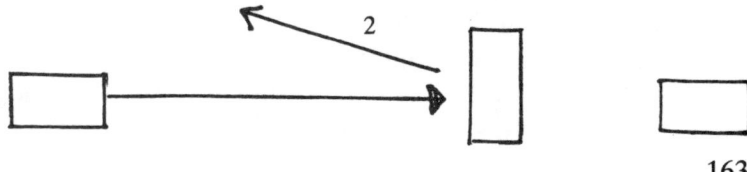

3. *Resignation*
Ich gebe offensichtlich auf. Dieses Aufgeben zeigt sich auch in folgenden Sonderformen von Resignation:

- Die *Negation:* Ich ignoriere den Konflikt (d. h. ich will ihn nicht wahrhaben. Die Negation wird auch als Umkehr ins Gegenteil bezeichnet (z. B. Fabel vom Fuchs und den Trauben).
- Die *Verniedlichung:* Ich verharmlose betont die drückende Konfliktsituation.
- Die *Fixierung:* Ich komme immer wieder auf den Konflikt zu sprechen, oder genau das Gegenteil: Ich vermeide krampfhaft jeglichen Kontakt mit dem Konfliktstoff. Mit anderen Worten: Ein bestimmter Konfliktgegenstand, der besonders affektgeladen ist, bleibt zentrales Anliegen – selbst dann, wenn keine unmittelbaren oder direkten Bezüge zu diesem Konfliktgegenstand gegeben sind.

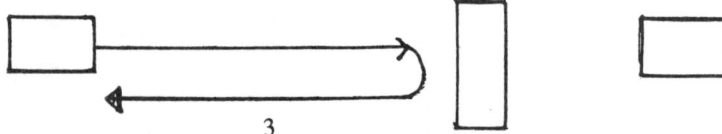

4. *Regression*
Ich falle kürzere oder längere Zeit auf eine frühere Entwicklungsstufe zurück.

(Beispiele: weinen, Mitleid erregen, Jähzornsausbrüche, über sich selber jammern, viele Fragen stellen, den Lehrer als «Papi» behandeln; Tätigkeiten, die ich bis dahin bestens beherrscht habe, kann ich plötzlich nicht mehr bewältigen usw.)

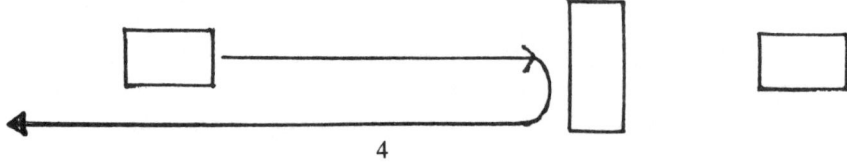

5. *Ersatzbefriedigung*
Statt das Bedürfnis (z. B. nach Anerkennung) direkt zu lösen, wähle ich einen Ersatzweg.
Beispiel: Statt selber wirklich zu üben, bewundere oder kritisiere ich berühmte Musiker.
Sonderformen von Ersatzbefriedigung:
- Die *Projektion:* Ich sehe den Splitter im Auge des Partners, übersehe aber den Balken in meinem Auge.

- Die *Verschiebung:* Ich verschiebe ungelöste Konflikte mit einer Person auf eine andere Person.
Beispiel: Ich sehe an einer Schülerin unverhältnismäßig stark nur das, was mich an meiner Frau stört. An meiner Frau will ich es aber nicht wahrhaben.
- Die *Verdichtung:* Ich addiere ungelöste Konflikte mit mehreren Personen auf eine andere Person.
Beispiel: Ungelöste Autoritätsprobleme eines Schülers «explodieren» bei einem sehr liebevollen und toleranten Lehrer.

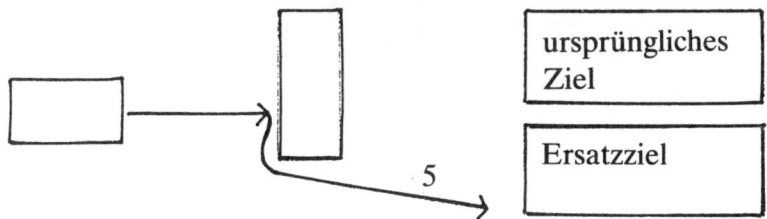

6. *Flucht nach vorn*
gemäß dem Sprichwort «Angriff ist die beste Waffe der Verteidigung».

Ich renne (meist blind) einfach Richtung Ziel «voll» in das Hindernis hinein. Tatsächlich gelingt es mir hie und da, ans Ziel zu gelangen. Vielfach lande ich aber recht unangenehm «im Graben».
Beispiele: Vorurteile, Überspielen von schwierigen Stellen, Bluff, «Dreinschießerei», blindes Darauflosschlagen, Darauflosreden, einfach einmal eine Behauptung aufstellen, überheblich werden usw.

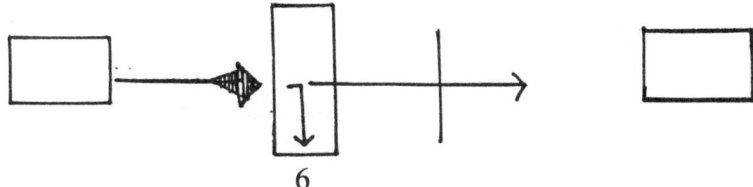

7. *Rationalisierung*
Alle diese möglichen arrangierenden Verhaltensweisen (Nr. 1–6) können für mich (und eventuell auch für meine Mitmenschen) immer wieder unerwartet und unerklärlich auftreten, weil mir die auslösende Konfliktsituation nicht oder nicht mehr bewußt ist (z. B. weil sie mir zu peinlich ist und ich quasi nicht mehr daran denken will).

Statt mir nun meine Abwehrversuche und damit meine Ängste

einzugestehen, suche ich für mein (arrangierendes) Verhalten eine Erklärung.

Beispiele: Sich berufen auf psychologische oder sonstige Theorien, Erfahrungen, Vorschriften (vielfach sind auch Klagen über das Wetter, z. B. «Föhn», oder einfach über die mißlichen Umstände zu hören).

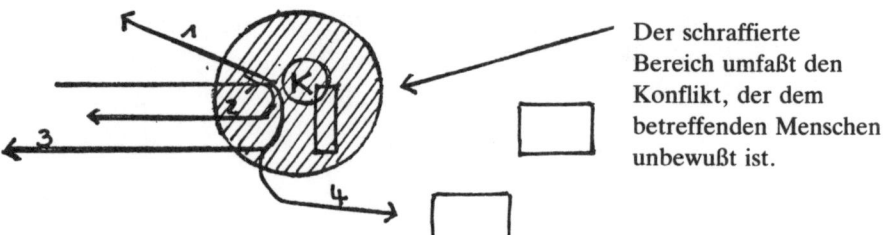

Der schraffierte Bereich umfaßt den Konflikt, der dem betreffenden Menschen unbewußt ist.

Der das Verhalten (1–6) auslösende Konflikt (= K in der obigen Skizze) ist mir nicht mehr bewußt; ich habe ihn «vergessen» oder (siehe unten) verdrängt.

Noch zwei weitere Begriffe:

Die *Verdrängung*

Ich «vergesse» den Konflikt. Ich kann auch von einem Konflikt den sachlichen Inhalt oder nur das unangenehme Begleitgefühl «vergessen». Dies wird beispielsweise bei schlechter Laune deutlich. Ich weiß nicht, warum ich schlecht gelaunt oder traurig bin, weil nur der sachliche Inhalt des auslösenden Konflikts verdrängt ist; das begleitende Gefühl dagegen «wirkt» recht deutlich.

Die Neurose

Diese psychische Erkrankung ist bedingt durch ungünstige, frustrierende Umwelteinflüsse. Die auslösende Konfliktsituation ist verdrängt. Nur noch das Arrangement (= Abwehrmechanismus) macht sich in gewissen Situationen in einer unangenehmen stereotyp wiederkehrenden Art und Weise bemerkbar. Dieses Verhalten tritt zwanghaft auf und stört mich und die Umwelt.

Nachtrag

An Kursen und Seminarien wird im Zusammenhang mit dem Buch «Üben ist doof» immer wieder die Frage gestellt, wieweit der Instrumentallehrer beim Schüler das Musikalische und wieweit er das Technische fördern soll. Mit der gängigen Antwort: «Natürlich ist beides entsprechend der individuellen Begabung des Schülers zu pflegen» ist es leider nicht getan. Hier zeigt sich vielmehr eine ernste und schwierige Problematik im Rollenverständnis des Instrumentallehrers.

Das Vermitteln der Technik, das erst freies Musizieren möglich macht, ist unabdingbares Gebot für jeden Lehrer in der Arbeit mit dem Schüler. Seine Aufgabe ist es, den Schüler zur eigenen Erkenntnis seines Könnens zu führen, Grenzen wahrzunehmen, auszuweiten, zu überwinden und das schon Erreichte zu vertiefen. Bei jedem dieser Automationsprozesse sollte schon wenigstens in kleinen Parzellen – Musik entstehen können. Sie sollten vom Schüler mit Fantasie und Eigenständigkeit in immer neuen Variationen in Angriff genommen werden. Der Lehrer hilft mit seiner Kompetenz dem Schüler immer wieder neue Ideen zu entwickeln und motiviert ihn dadurch. Hinweise auf Nah- und Fernziele sowie entsprechende Begründungen lassen diesen Prozeß transparent werden – ebenfalls eine Grundvoraussetzung für Motivation.

Neben diesem Aspekt des Unterrichtens hat der Lehrer selbstverständlich eine Modellfunktion. Ein Musiklehrer, der sich selbst nicht als Musiker betätigt, das heißt übt, auftritt, immer wieder in der Stunde auch vorspielt, den Schüler begleitet und so bei ihm Vor-Bilder und Vor-Stellungen auslöst, kann nicht überzeugen. Nur auf die genannte Weise kann der Schüler ermutigt werden, sich selber künstlerisch auszudrücken, im Zuhören, Mitschwingen, Mitsingen und – nach dem notwendigen Übeprozeß – zu überzeugendem Instrumentalspiel zu kommen.

Die Musiklehrertätigkeit als solche ist ebenfalls als ein Handwerk zu verstehen, zu erlernen, zu üben und immer wieder zu überprüfen. Die Technik (die «Kunst») des Unterrichtens steht deshalb in diesem Buch im Zentrum unseres Bemühens. Unterrichtstechnik kann – wie jedes Handwerk – gelernt oder trainiert werden. Aus diesem Wissen heraus haben wir uns in dieser Schrift darauf beschränkt, vorwiegend lern- und übbare Unterrichtstechniken darzustellen, Hilfen auszubrüten, einige ausgewählte Auswertinstrumente in Form von Beobachtungsbögen zusammenzustellen, und – wie im Untertitel unseres Buches festgehalten wurde – eine allgemeine Didaktik des Instrumental-Unterrichts verfaßt.

Wir begreifen aber auch Leser, die uns hie und da als «Nur-Techniker», als «Nur-Handwerker», oder sogar als «Nicht-von-der-Kunst-Musik-Beseelte» bezeichnen. Wir nehmen diese Kritik in letzter Zeit aber immer mehr auch als Bestärkung entgegen, denn zu oft haben wir an unseren Kursen und Weiterbildungsseminaren erlebt, wie der methodisch-didaktische Aspekt mit dem Beziehungsaspekt und den unterschiedlichsten Auffassungen von Kunst in ungeeigneter Weise vermischt wird. Man versteckt sich z. B. bei offensichtlich unterrichtshandwerklichem Unvermögen hinter «seine Einstellung», seine «jeweilige Beziehung», seine «Künstlerhaltung», seine «hochtrabenden (Wunsch-)Philosophien», oder musikalischen Auffassungen, statt die eigene Unterrichtstechnik genauer zu analysieren. Natürlich ist uns bewußt, daß in allen Künsten (nicht nur in der Musik) der Mensch und seine Haltung, seine Beziehungsfähigkeit, seine Autorität letztendlich entscheidend für den Erfolg der Vermittler- (hier: Lehr-)tätigkeit sind und in der Aussage gipfeln, «70–80 % des Lehrerfolges hängt vom Beziehungsaspekt und der Persönlichkeit des Unterrichtenden ab»! Unsere Beziehungsfähigkeit, unsere Haltung und unsere musikalische Beseeltheit haben ihre Wurzeln primär in und aus unserer Herkunft (Milieu, Erziehung, Beziehungen zu Eltern, Tradition, vorgelebte Menschenbilder usw.). Die wenigen Hinweise aus der Entwicklungspsychologie (S. 162 ff) geben vielleicht eine Ahnung, welch ungeheuer prägende Kräfte da mitspielen. Zum Glück gibt es religiöse Gemeinschaften, psychiatrisch-psychologische Therapie- und Selbsterfahrungsinstitutionen usw., wo Menschen aller Künste und Berufe Beziehungsdefizite in mühsamer Anstrengung (quasi nachholend) aufarbeiten können. So wie wir gelernt haben, mit uns selbst umzugehen, so gehen wir schließlich mit uns anvertrauten Schülern um. Die spärlichen Hinweise zum höchst komplexen und individuell so unterschiedlichen Unterrichtsaspekt «Beziehung» mögen zeigen, welch bescheidenen, jedoch nicht zu vernachlässigenden Stellenwert der methodisch-didaktische Aspekt – also die Unterrichtstechnik – für den erfolgreichen Instrumentalunterricht hat.

Quellenverzeichnis

Dalcroze, J.	Rhythmus, Musik und Erziehung. 2. Aufl. Kallmeyer, Seelze o. J.
Erikson, E. H.	Kindheit und Gesellschaft. 9. Aufl. Klett-Cotta, Stuttgart 1984.
Johnen, K.	Allgemeine Musiklehre, Verlag P. Reclam, Leipzig 1952.
Philipp, G.	Klavier, Klavierspiel, Improvisation. 5. Aufl. VEB Deutscher Verlag für Musik, Leipzig 1984.
Schulz von Thun, F.	Miteinander reden: Störungen und Klärungen. Rowohlt TB, Reinbek bei Hamburg 1981.
Schwarzenbach, P.	Vorlagen für die Personalauswahl. Verlag Management Assistant, Zürich 1969.
Gloor, A., Roth, P., Schwarzenbach, P. und Wanzenried, P.	Interne Arbeitsunterlagen des Seminars für Pädagogische Grundausbildung Zürich zum Thema: Allgemeine Didaktik. Zürich 1977.
Stangl, A.	Die Sprache des Körpers. Menschenkenntnis für Alltag und Beruf. Knaur Sachbuch. Droemer, München 1982.
Stein, W.	Kulturfahrplan. Herbig Verlagsbuchhandlung, München 1987.
Stein, W.	Kulturfahrplan. Fischer Taschenbuchverlag, Frankfurt am Main 1977/78.
Strehle, H.	Mienen, Gesten und Gebärden. Analyse des Gebarens. Ernst Reinhardt Verlag, München/Basel 1974.
Tausch, R. u. A.	Erziehungspsychologie. 6. Aufl. Hogrefe, Göttingen 1971.

Bitte beachten Sie
auch die folgenden Seiten

Klavierüben

Martin Gellrich, Üben mit Lis(z)t
Wiederentdeckte Geheimnisse
aus der Werkstatt der Klaviervirtuosen
176 Seiten, ISBN 3 7294 0067 3

Wie übten Bach, Mozart, Beethoven, Chopin, Liszt und Clara Schumann Klavier? Wie war die Unterrichtsmethode beschaffen, nach der jeder Klavierschüler neben dem Interpretieren auch Improvisieren und Komponieren lernen konnte? Wie läßt sich Musik als Muttersprache aneignen? Wie entstehen musikalische Genialität und Virtuosität? Wie kam es, daß die alte Unterrichtsmethode im Laufe des 19. Jahrhunderts verlorengegangen ist? Ist es möglich, nach dieser Methode heute zu unterrichten? Mit diesen und anderen spannenden Fragen beschäftigt sich dieses Buch. Gellrichs Werk weist über den engeren Bereich des Klavierspielens hinaus und liefert vielfältige Anregungen, den Instrumentalunterricht und Musikunterricht überhaupt interessanter und anregender zu gestalten.

The Inner Game
of Music

Barry Green/Thimoty Gallwey, Der Mozart in uns
The Inner Game of Music
oder eine Anleitung zum Musizieren

Was behindert uns beim Musizieren am meisten? Richtig: unsere eigene Unsicherheit, mangelndes Selbstvertrauen oder andere Störfaktoren, die wir eigentlich schnell in den Griff bekommen, haben wir sie erst einmal erkannt. Green/Gallwey demonstrieren mit vielen Übungen, wie wir mentale und andere Hindernisse aus dem Weg räumen.
«Als mir das Buch ‹Tennis und Psyche› von W. Timothy Gallwey in die Hände fiel, war ich sofort sehr fasziniert. Ich habe mir damals Abschnitte für meinen Unterricht herausgegriffen und mit viel Erfolg an meinen Studenten getestet.
Ich finde es wunderbar, daß nun ein Buch auf den Markt kommt, das diesen ganzen Themenkomplex speziell für Musiker aufbereitet.
Ich glaube, es kann für das Training aller angehenden und ausübenden Künstler eine Revolution bedeuten! Diese hervorragenden Ideen ersetzen nicht das Üben, doch es kann in nie dagewesener Weise gefördert und fruchtbar gemacht werden.»

Prof. Branimir Slokar, Posaune
Staatliche Hochschule für Musik, Freiburg